9. Schuljahr

J. Krampe & R. Mittelmann

Mathe-Training zur Wiederholung & Festigung

9

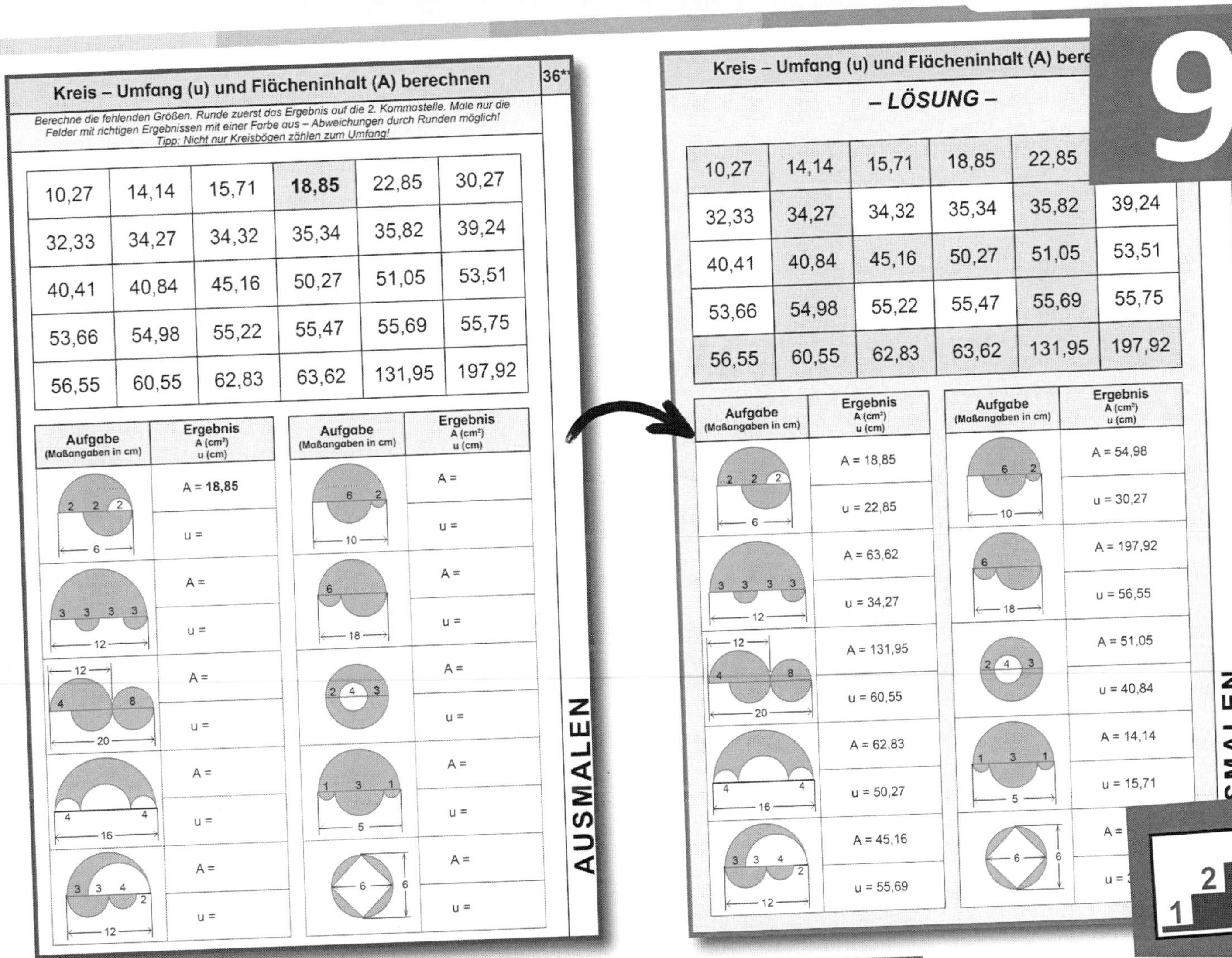

- 45 motivierende Übungen
- 3 Differenzierungsstufen
- Erfolg durch Selbstkontrolle

Lernen mit Erfolg
KOHL VERLAG
www.kohlverlag.de

Mathe-Training zur Wiederholung & Festigung
Klasse 9

1. Auflage 2024

Inhalt: Jörg Krampe & Rolf Mittelmann
Umschlagbild: Kohl-Verlag
Redaktion: Kohl-Verlag
Grafik & Satz: Kohl-Verlag
Druck: farbo prepress GmbH, Köln

Bestell-Nr. 13 027

ISBN: 978-3-98841-063-4

Bildquellen: © AdobeStock.com:
S. 2: Africa Studio; **S. 17:** Giorgi; **S. 19:** Giorgi; **S. 21:** SirVector; **S. 23-24:** travelbook; **S. 25-26:** Africa Studio; **S. 27-28:** Pixel-Shot; **S. 29:** SpicyTruffel; **S. 31:** Giorgi; **S. 33:** Giorgi; **S. 41:** nadiinko; **S. 43:** Pedro; **S. 45:** Gopal; **S. 77:** nadiinko; **S. 79:** Combotec; **S. 81:** HarshDesigns; **S. 83-84:** milazvereva; **S. 85-86:** fascinadora; **S. 87-88:** Daniel Beckemeier

Unsere Lizenzmodelle

Der vorliegende Band ist eine Print-Einzellizenz

Sie wollen unsere Kopiervorlagen auch digital nutzen? Kein Problem – fast das gesamte KOHL-Sortiment ist auch sofort als PDF-Download erhältlich! Wir haben verschiedene Lizenzmodelle zur Auswahl:

	Print-Version	PDF-Einzellizenz	PDF-Schullizenz	Kombipaket Print & PDF-Einzellizenz	Kombipaket Print & PDF-Schullizenz
Unbefristete Nutzung der Materialien	x	x	x	x	x
Vervielfältigung, Weitergabe und Einsatz der Materialien im eigenen Unterricht	x	x	x	x	x
Nutzung der Materialien durch alle Lehrkräfte des Kollegiums an der lizenzierten Schule			x		x
Einstellen des Materials im Intranet oder Schulserver der Institution			x		x

Die erweiterten Lizenzmodelle zu diesem Titel sind jederzeit im Online-Shop unter www.kohlverlag.de erhältlich.

Inhaltsverzeichnis

Lerninhalt		Kontrollform	Nr.	Seite
Reelle Zahlen				
Potenzen und Wurzeln	Potenzen schreiben und ausrechnen	Irrgarten	1	5
			2*	7
			3**	9
	Wurzeln schreiben und ausrechnen	Ausmalen	4	11
			5*	13
			6**	15
Rechnen mit Potenzen und Wurzeln	Rechnen mit Potenzen	Geheimschrift	7	17
			8*	19
			9**	21
	Rechnen mit Wurzeln	Puzzle	10	23
			11*	25
			12**	27
Lineare Gleichungssysteme				
mit 2 Variablen	einsetzen, addieren, gleichsetzen ax+by=c dx+ey=f	Geheimschrift	13	29
			14*	31
			15**	33
Quadratische Gleichungen				
rein quadratische Gleichungen	$x^2 + q = 0$	Ausmalen	16	35
			17*	37
			18**	39
gemischt quadratische Gleichungen	$x^2 + px = 0$ ausklammern	Geheimschrift	19	41
			20*	43
			21**	45
	$x^2 + px + q = 0$ quadratische Ergänzung Formel	Ausmalen	22	47
			23*	49
			24**	51
Stochastik				
zusammengesetzte Zufallsexperimente		Textaufgaben bilden	25	53
			26*	55
			27**	57
Ebene Geometrie				
Pythagoras	gemischte Aufgaben	Irrgarten	28	59
			29*	61
			30**	63
	Anwendungen	Textaufgaben bilden	31	65
			32*	67
			33**	69
Kreis	Umfang (u) und Flächeninhalt (A) berechnen	Ausmalen	34	71
			35*	73
			36**	75
Raumgeometrie				
Zylinder	Oberfläche (O) und Volumen (V) berechnen	Geheimschrift	37	77
			38*	79
			39**	81
Kegel	Oberfläche (O) und Volumen (V) berechnen	Puzzle	40	83
			41*	85
			42**	87
Pyramide	Oberfläche (O) und Volumen (V) berechnen	Ausmalen	43	89
			44*	91
			45**	93

Differenzierung:
kein Stern: Basisniveau, mit *: mittleres Niveau, mit **: höheres Niveau

KOHL VERLAG Mathe-Training zur Wiederholung und Festigung / Klasse 9 – Bestell-Nr. 13 027

Vorwort

Liebe Kolleginnen, liebe Kollegen,

Diese Sammlung von Kopiervorlagen orientiert sich an wesentlichen Inhalten der Mathematik im 9. Schuljahr.

Dabei geht es gleichermaßen um Aufgaben zum Leisten wie auch um Aufgaben zum Lernen. So erhält die Lehrperson zusätzliche Übungen, die das Aufgabenmaterial *unabhängig vom Schulbuch* ergänzen können.

Jedes Übungsblatt enthält neben den Trainingsaufgaben eine motivierende Gestaltung der Selbstkontrolle in Form von Rechenspielen in 5 verschiedenen Variationen. Dadurch wird der Einsatz in *Übungsphasen des Unterrichts*, als kurze *Lernstandskontrolle* im *Förderunterricht*, in *Vertretungsstunden* und bei den *Hausaufgaben* erleichtert.

Zu jedem Lerninhalt gibt es 3 verschiedene Aufgabenseiten in 3 verschiedenen Schwierigkeitsgraden von leicht bis schwer. Dabei wurde bewusst jeweils die Kontrollform beibehalten, um der Lehrperson den Einsatz zu erleichtern.

Die Übungsseiten umfassen jeweils maximal 20 Aufgaben, so dass sie sich gut zeitlich in den Unterricht einbauen lassen bzw. als *Hausaufgabe* einen nicht zu großen Zeitaufwand erfordern.

Das exakt gegliederte Inhaltsverzeichnis mit Angabe des Lerninhalts, des Aufgabentyps und der Kontrollform und die gute Verfügbarkeit als Kopiervorlagen mit Spielregeln für die Schülerinnen und Schüler ermöglicht einen schnellen, zielgerichteten Zugriff.

In diesem Sinne – viel Spaß wünschen der Kohl-Verlag sowie die Autoren

Jörg Krampe & Rolf Mittelmann

Jörg Krampe und Rolf Mittelmann ...

- ➔ langjährig erfahrene Lehrer und Rektoren an Grund- und Hauptschulen
- ➔ Erfahrungen in der Lehrerausbildung als Fachleiter bzw. stellvertretender Seminarleiter
- ➔ Schulbuchautoren
- ➔ zahlreiche Publikationen zu methodischen und didaktischen Themen verschiedener Fächer der Primar- und Sekundarstufe I, besonders zu Lern- und Übungsspielen

Zehnerpotenzen

1

Prüfe, ob richtig gerechnet wurde: ja oder nein.
Folge dem Pfeil mit der richtigen Entscheidung, markiere den Weg und trage im Lösungstext die Buchstaben entlang des Weges ein.

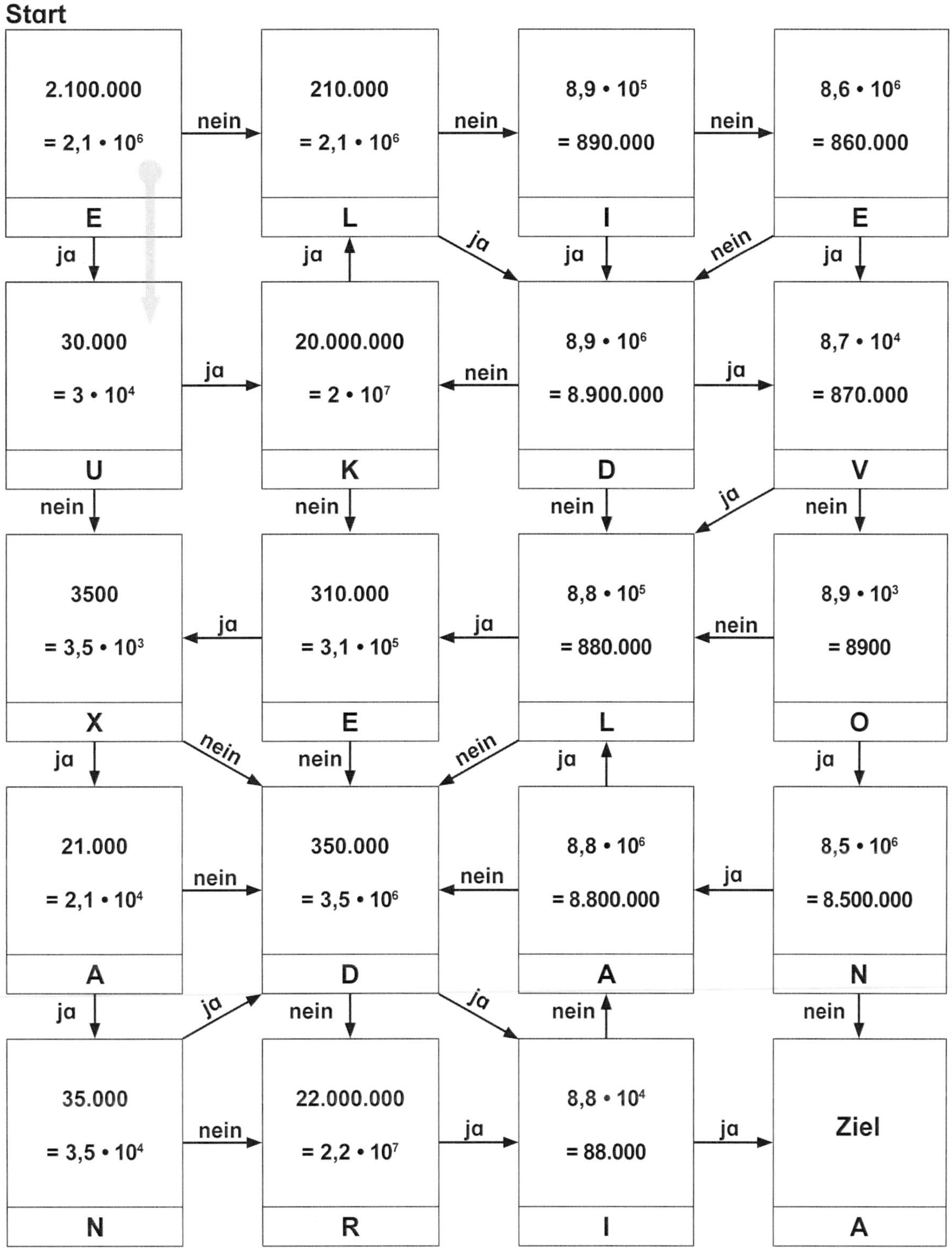

Lösungstext: E _

IRRGARTEN

KOHL VERLAG Mathe-Training zur Wiederholung und Festigung / Klasse 9 – Bestell-Nr. 13 027

– LÖSUNG –

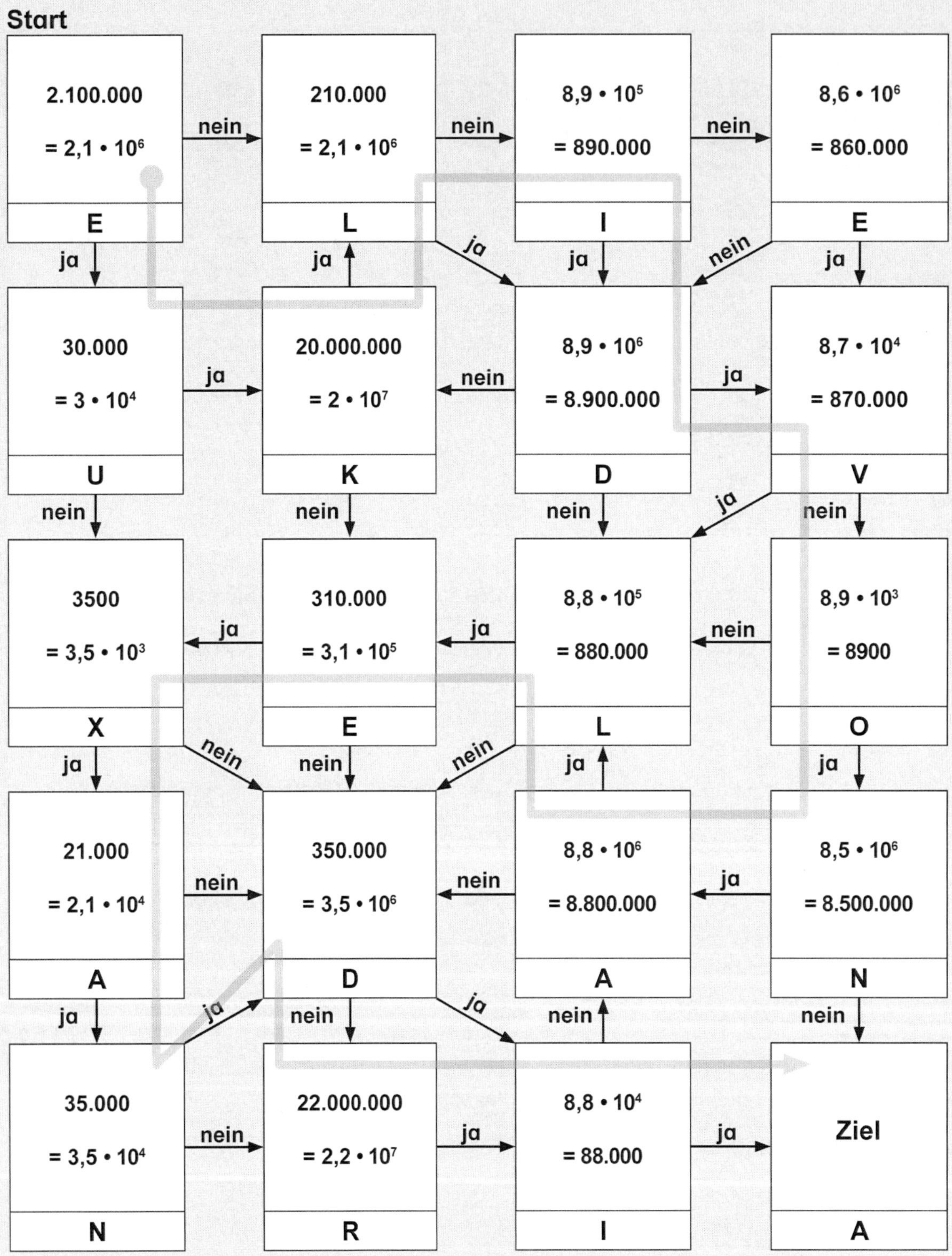

Lösungstext: EUKLID VON ALEXANDRIA

IRRGARTEN

KOHL VERLAG Mathe-Training zur Wiederholung und Festigung / Klasse 9 – Bestell-Nr. 13 027

Ganzzahlige Potenzen, auch mit negativem Exponenten

2*

Prüfe, ob richtig gerechnet wurde: ja oder nein.
Folge dem Pfeil mit der richtigen Entscheidung, markiere den Weg und trage im Lösungstext die Buchstaben entlang des Weges ein.

Start

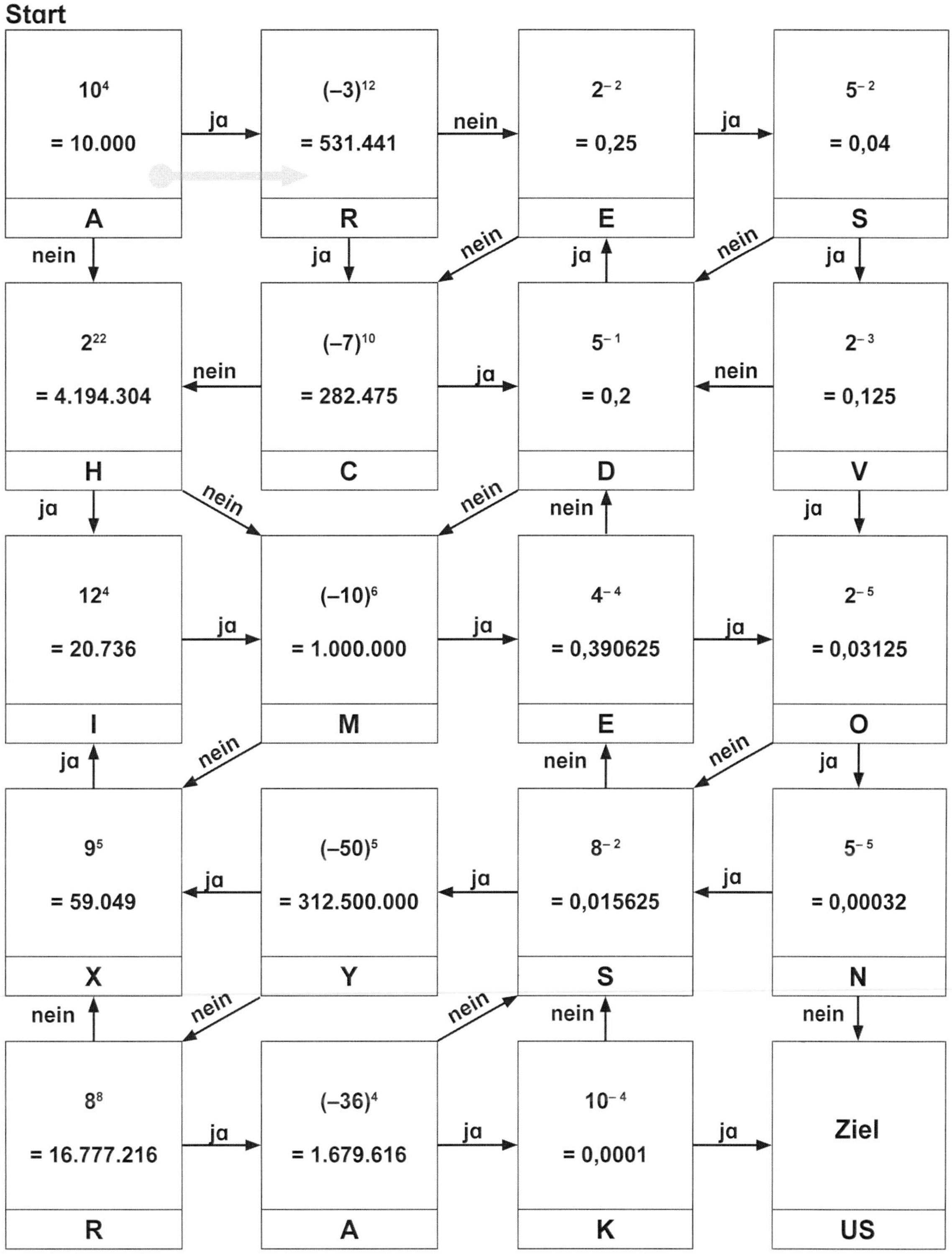

Lösungstext: A _

IRRGARTEN

KOHL VERLAG Mathe-Training zur Wiederholung und Festigung / Klasse 9 – Bestell-Nr. 13 027

– LÖSUNG –

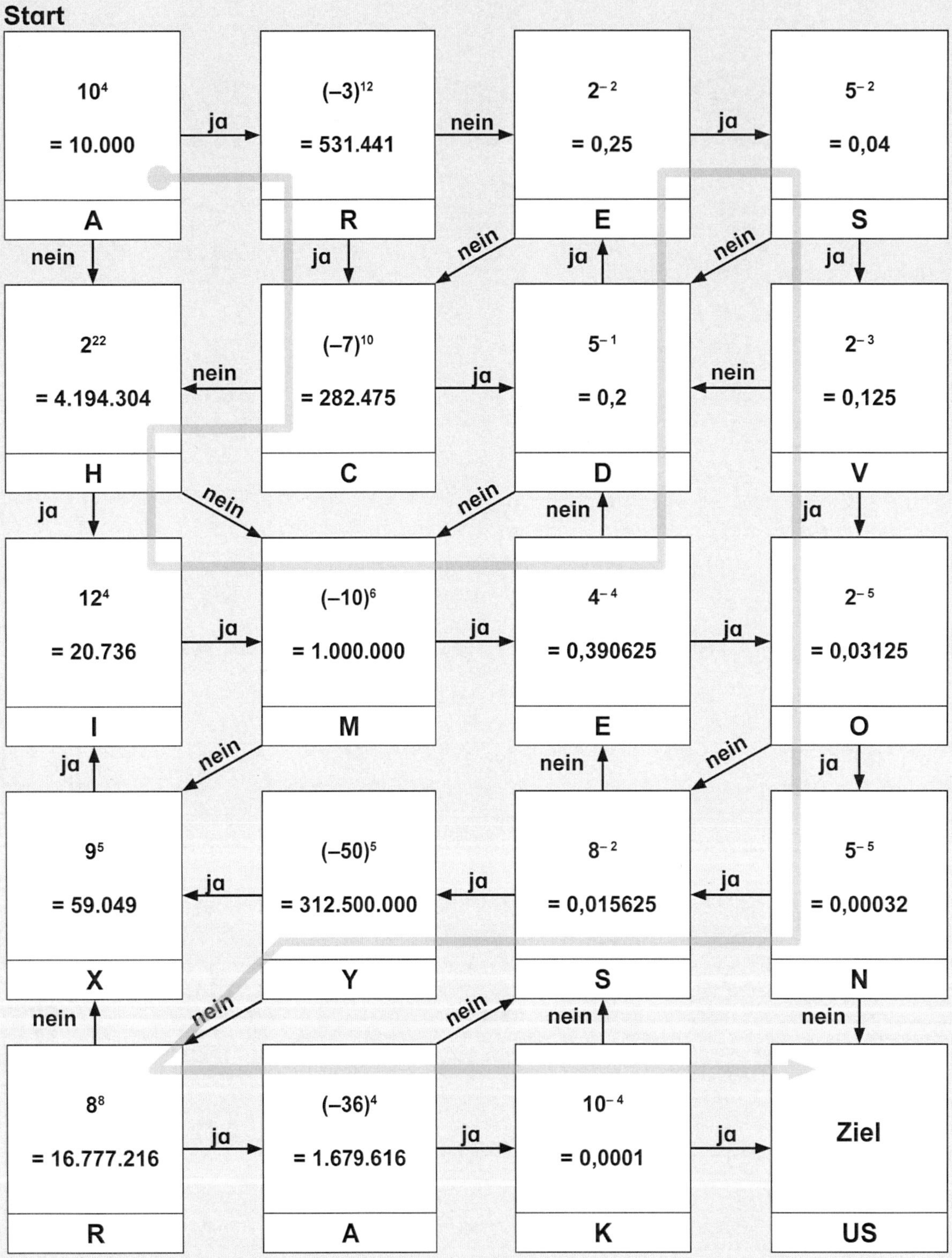

Lösungstext: ARCHIMEDES VON SYRAKUS

IRRGARTEN

KOHL VERLAG Mathe-Training zur Wiederholung und Festigung / Klasse 9 – Bestell-Nr. 13 027

Potenzen – Dezimalzahlen als Basis

3**

Prüfe, ob richtig (auf 3 Nachkommastellen gerundet) gerechnet wurde: ja oder nein. Folge dem Pfeil mit der richtigen Entscheidung, markiere den Weg und trage im Lösungstext die Buchstaben entlang des Weges ein.

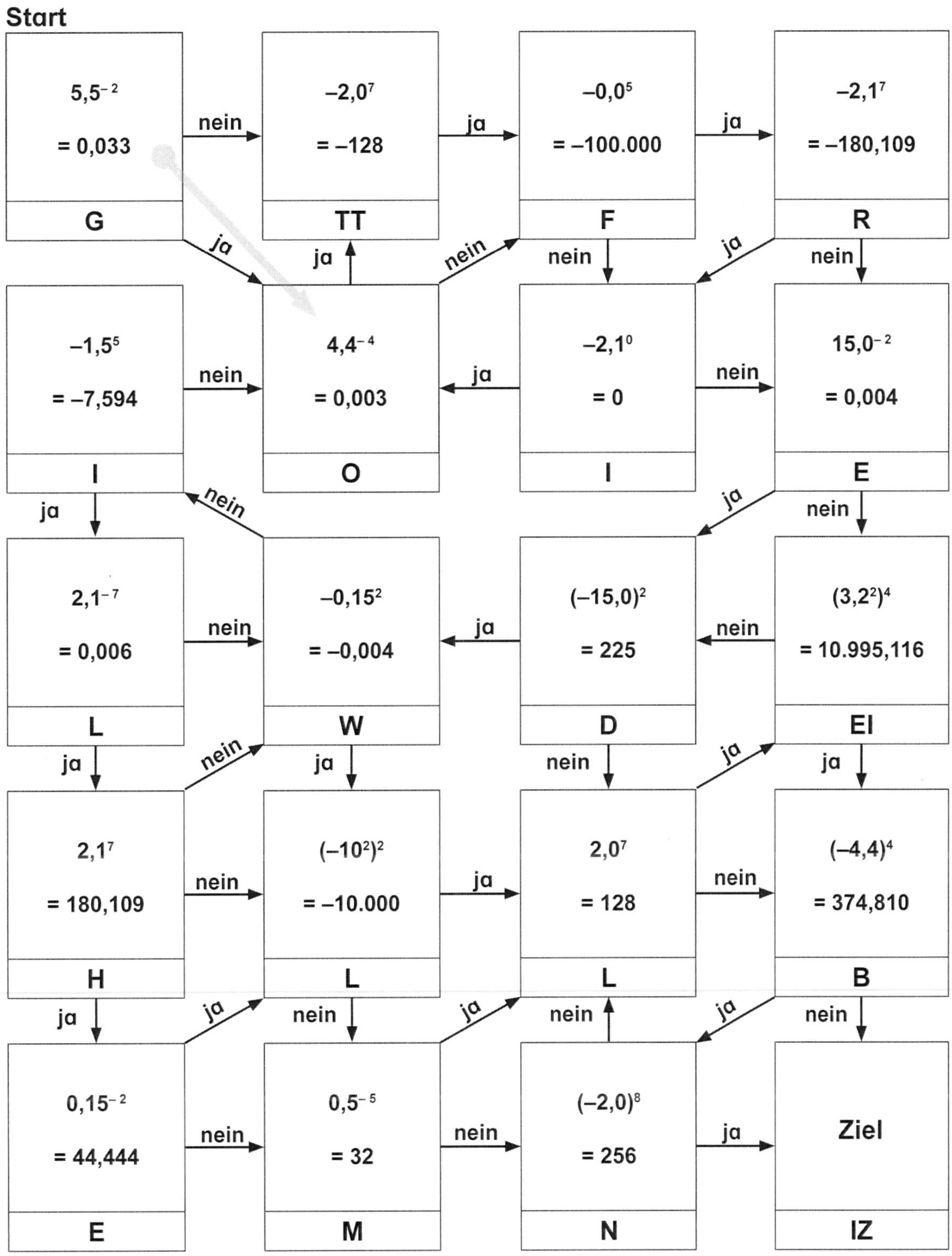

Lösungstext: G _

IRRGARTEN

KOHL VERLAG Mathe-Training zur Wiederholung und Festigung / Klasse 9 – Bestell-Nr. 13 027

Potenzen – Dezimalzahlen als Basis

– LÖSUNG –

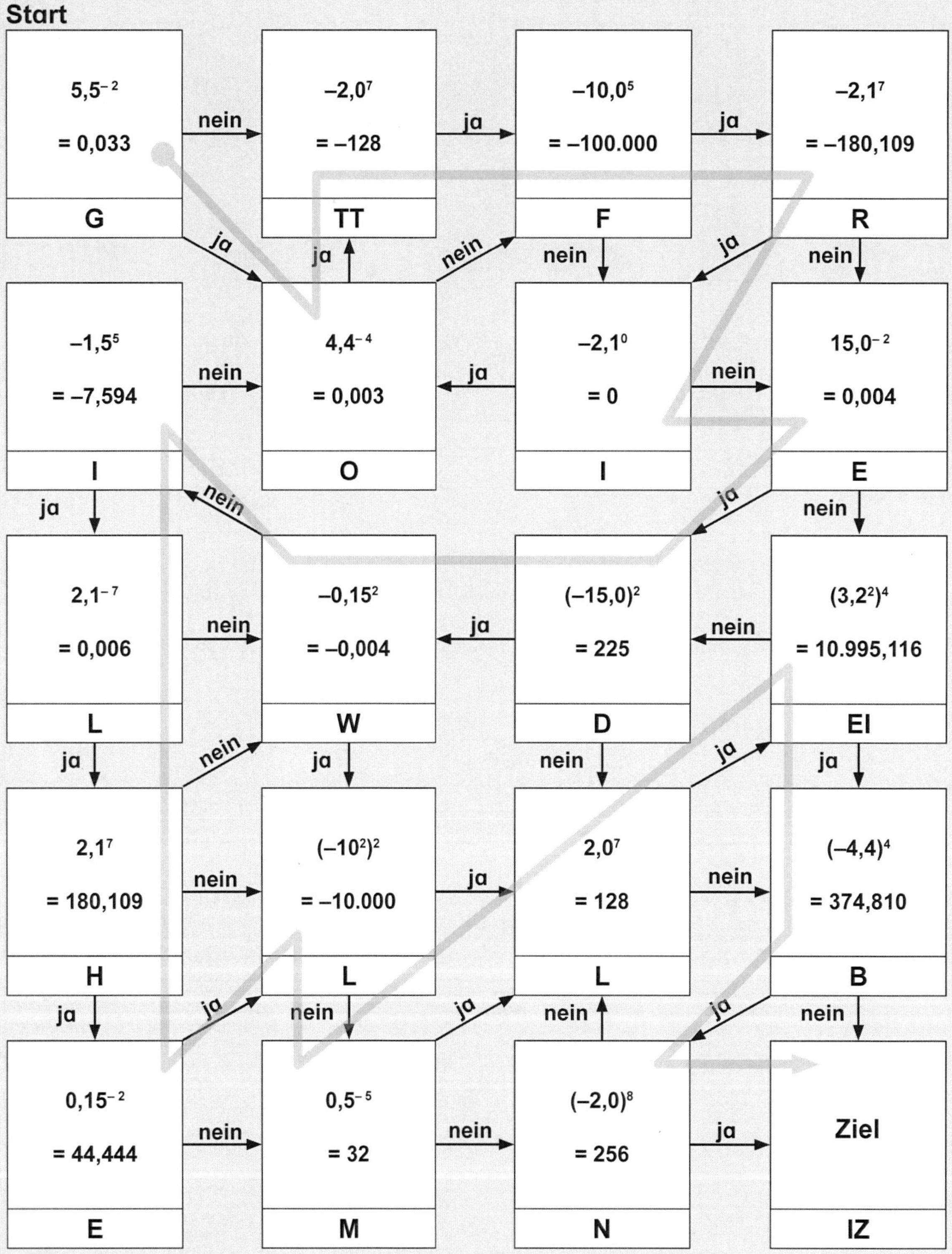

Lösungstext: GOTTFRIED WILHELM LEIBNIZ

KOHL VERLAG Mathe-Training zur Wiederholung und Festigung / Klasse 9 – Bestell-Nr. 13 027

Wurzeln aus ganzen Zahlen

4

Rechne aus und male nur die Felder mit Ergebniszahlen mit einer Farbe aus.

16	13	21	29	24	9
3	17	28	23	0	2
6	25	15	12	7	20
10	18	22	27	4	5
14	19	1	11	26	**8**

Aufgabe	Ergebnis
$\sqrt{64}$ =	**8**
$\sqrt{196}$ =	
$\sqrt{81}$ =	
$\sqrt{256}$ =	
$\sqrt{225}$ =	
$\sqrt{144}$ =	
$\sqrt{289}$ =	
$\sqrt{625}$ =	
$\sqrt{324}$ =	
$\sqrt{121}$ =	

Aufgabe	Ergebnis
$\sqrt[3]{8}$ =	
$\sqrt[4]{81}$ =	
$\sqrt[3]{125}$ =	
$\sqrt[4]{10.000}$ =	
$\sqrt[3]{1}$ =	
$\sqrt[3]{64}$ =	
$\sqrt[3]{216}$ =	
$\sqrt[3]{343}$ =	
$\sqrt[4]{0}$ =	
$\sqrt[3]{8000}$ =	

AUSMALEN

KOHL VERLAG Lernen mit Erfolg Mathe-Training zur Wiederholung und Festigung / Klasse 9 – Bestell-Nr. 13 027

Wurzeln aus ganzen Zahlen

– *LÖSUNG* –

16	13	21	29	24	9
3	17	28	23	0	2
6	25	15	12	7	20
10	18	22	27	4	5
14	19	1	11	26	8

Aufgabe	Ergebnis
$\sqrt{64}$ =	8
$\sqrt{196}$ =	14
$\sqrt{81}$ =	9
$\sqrt{256}$ =	16
$\sqrt{225}$ =	15
$\sqrt{144}$ =	12
$\sqrt{289}$ =	17
$\sqrt{625}$ =	25
$\sqrt{324}$ =	18
$\sqrt{121}$ =	11

Aufgabe	Ergebnis
$\sqrt[3]{8}$ =	2
$\sqrt[4]{81}$ =	3
$\sqrt[3]{125}$ =	5
$\sqrt[4]{10.000}$ =	10
$\sqrt[3]{1}$ =	1
$\sqrt[3]{64}$ =	4
$\sqrt[3]{216}$ =	6
$\sqrt[3]{343}$ =	7
$\sqrt[4]{0}$ =	0
$\sqrt[3]{8000}$ =	20

AUSMALEN

KOHL VERLAG Mathe-Training zur Wiederholung und Festigung / Klasse 9 – Bestell-Nr. 13 027

Wurzeln aus Dezimalzahlen berechnen

5*

Rechne aus und male nur die Felder mit Ergebniszahlen mit einer Farbe aus.

1,2	0,2	2,5	3,5	4,1	0,59
2,3	1	0,6	0,4	0,7	4,44
8,05	8,66	3,1	9,99	4,5	9,56
10,05	5,2	1,1	0,1	2	9,4
5,58	3,2	2,6	7,01	6,3	0,8

Aufgabe	Ergebnis
$\sqrt{1{,}44}$ =	**1,2**
$\sqrt{6{,}25}$ =	
$\sqrt{74{,}9956}$ =	
$\sqrt{101{,}0025}$ =	
$\sqrt{31{,}1364}$ =	
$\sqrt{0{,}3481}$ =	
$\sqrt{49{,}1401}$ =	
$\sqrt{99{,}8001}$ =	
$\sqrt{19{,}7136}$ =	
$\sqrt{0{,}64}$ =	

Aufgabe	Ergebnis
$\sqrt[3]{29{,}791}$ =	
$\sqrt[4]{410{,}0625}$ =	
$\sqrt[3]{12{,}167}$ =	
$\sqrt[4]{0{,}0256}$ =	
$\sqrt[3]{830{,}584}$ =	
$\sqrt[4]{0{,}0001}$ =	
$\sqrt[3]{42{,}875}$ =	
$\sqrt[4]{1{,}4641}$ =	
$\sqrt[3]{17{,}576}$ =	
$\sqrt[4]{0{,}1296}$ =	

AUSMALEN

Wurzeln aus Dezimalzahlen berechnen | 5*

– LÖSUNG –

1,2	0,2	2,5	3,5	4,1	0,59
2,3	1	0,6	0,4	0,7	4,44
8,05	8,66	3,1	9,99	4,5	9,56
10,05	5,2	1,1	0,1	2	9,4
5,58	3,2	2,6	7,01	6,3	0,8

Aufgabe	Ergebnis
$\sqrt{1,44}$ =	1,2
$\sqrt{6,25}$ =	2,5
$\sqrt{74,9956}$ =	8,66
$\sqrt{101,0025}$ =	10,05
$\sqrt{31,1364}$ =	5,58
$\sqrt{0,3481}$ =	0,59
$\sqrt{49,1401}$ =	7,01
$\sqrt{99,8001}$ =	9,99
$\sqrt{19,7136}$ =	4,44
$\sqrt{0,64}$ =	0,8

Aufgabe	Ergebnis
$\sqrt[3]{29,791}$ =	3,1
$\sqrt[4]{410,0625}$ =	4,5
$\sqrt[3]{12,167}$ =	2,3
$\sqrt[4]{0,0256}$ =	0,4
$\sqrt[3]{830,584}$ =	9,4
$\sqrt[4]{0,0001}$ =	0,1
$\sqrt[3]{42,875}$ =	3,5
$\sqrt[4]{1,4641}$ =	1,1
$\sqrt[3]{17,576}$ =	2,6
$\sqrt[4]{0,1296}$ =	0,6

AUSMALEN

KOHL VERLAG Mathe-Training zur Wiederholung und Festigung / Klasse 9 – Bestell-Nr. 13 027

Wurzeln aus Brüchen berechnen

6**

Rechne aus und male nur die Felder mit Ergebniszahlen mit einer Farbe aus.
Runde auf 2 Stellen.

0,1	0,54	0,3	0,65	0,73	0,72
0,76	1,05	**0,6**	1,06	0,24	0,77
0,71	0,89	1,16	1,15	1,03	1,25
0,83	0,69	1,07	0,63	0,79	1,27
0,85	0,84	1,01	1,02	0,55	1,24

Aufgabe	Ergebnis
$\sqrt{\frac{9}{25}} =$	**0,6**
$\sqrt{\frac{121}{225}} =$	
$\sqrt{\frac{42}{105}} =$	
$\sqrt{\frac{16}{55}} =$	
$\sqrt{\frac{105}{211}} =$	
$\sqrt{\frac{88}{56}} =$	
$\sqrt{\frac{199}{666}} =$	
$\sqrt{\frac{78}{69}} =$	
$\sqrt{\frac{281}{396}} =$	
$\sqrt{\frac{408}{704}} =$	

Aufgabe	Ergebnis
$\sqrt[3]{\frac{85}{77}} =$	
$\sqrt[4]{\frac{350}{133}} =$	
$\sqrt[3]{\frac{12,2}{8,05}} =$	
$\sqrt[4]{\frac{81,7}{66,4}} =$	
$\sqrt[3]{\frac{1,11}{77,7}} =$	
$\sqrt[4]{\frac{12,4}{53,2}} =$	
$\sqrt[3]{\frac{5,42}{11,2}} =$	
$\sqrt[4]{\frac{41,3}{3,13}} =$	
$\sqrt[3]{\frac{23,4}{15,13}} =$	
$\sqrt[4]{\frac{418}{677}} =$	

AUSMALEN

KOHL VERLAG Mathe-Training zur Wiederholung und Festigung / Klasse 9 – Bestell-Nr. 13 027

Wurzeln aus Brüchen berechnen

6**

– LÖSUNG –

0,1	0,54	0,3	0,65	0,73	0,72
0,76	1,05	0,6	1,06	0,24	0,77
0,71	0,89	1,16	1,15	1,03	1,25
0,83	0,69	1,07	0,63	0,79	1,27
0,85	0,84	1,01	1,02	0,55	1,24

Aufgabe	Ergebnis	Aufgabe	Ergebnis
$\sqrt{\frac{9}{25}} =$	0,6	$\sqrt[3]{\frac{85}{77}} =$	1,03
$\sqrt{\frac{121}{225}} =$	0,73	$\sqrt[4]{\frac{350}{133}} =$	1,27
$\sqrt{\frac{42}{105}} =$	0,63	$\sqrt[3]{\frac{12,2}{8,05}} =$	1,15
$\sqrt{\frac{16}{55}} =$	0,54	$\sqrt[4]{\frac{81,7}{66,4}} =$	1,05
$\sqrt{\frac{105}{211}} =$	0,71	$\sqrt[3]{\frac{1,11}{77,7}} =$	0,24
$\sqrt{\frac{88}{56}} =$	1,25	$\sqrt[4]{\frac{12,4}{53,2}} =$	0,69
$\sqrt{\frac{199}{666}} =$	0,55	$\sqrt[3]{\frac{5,42}{11,2}} =$	0,79
$\sqrt{\frac{78}{69}} =$	1,06	$\sqrt[4]{\frac{41,3}{31,3}} =$	1,07
$\sqrt{\frac{281}{396}} =$	0,84	$\sqrt[3]{\frac{23,4}{15,13}} =$	1,16
$\sqrt{\frac{408}{704}} =$	0,76	$\sqrt[4]{\frac{418}{677}} =$	0,89

AUSMALEN

Mit Potenzen rechnen – ganzzahlig, positiv

Rechne aus. Wenn möglich, fasse zuvor zusammen und potenziere dann. Ordne aus dem Schlüssel dem Ergebnis die richtigen Buchstaben zu. Du erhältst den Lösungssatz in umgekehrter Reihenfolge.

Aufgabe	Ergebnis	Buchstaben
$10^3 \cdot 5^3 =$	**125.000**	NET
$12^2 : 4^2 =$		
$10^3 \cdot 4^2 =$		
$4^4 \cdot 4^2 =$		
$4^4 : 4^2 =$		
$2^5 \cdot 5^2 =$		
$5^5 : 1^5 =$		
$5^3 - 6^2 =$		
$3^4 \cdot 5^4 =$		
$8^5 : 2^5 =$		

Aufgabe	Ergebnis	Buchstaben
$7^3 \cdot 7^2 =$		
$9^8 : 9^3 =$		
$6^2 + 5^3 =$		
$12^{10} : 12^8 =$		
$2^{10} \cdot 3^2 =$		
$11^{11} : 11^{10} =$		
$11^2 \cdot 11^1 =$		
$11^2 + 11^1 =$		
$11^2 - 11^1 =$		
$12^2 \cdot 11^2 =$		

Schlüssel:

WAFF 9
DE 132
GERN 1331
KÄM 16.807
GE 11
DICH 144
WEIß 3125
ICH 17.424
BIST 16
GEIS 161
UN 4096
ABER 50.625
ICH 89
DU 800
GEN 9216
TIG 59.049
WÜR 110
PFEN 1024
BE 16.000
NET 125.000

Lös.: ____ ____ ______ ________ ______ ________ __________ ___________.

______ _____ _______, ___ ________ ______________NET.

GEHEIMSCHRIFT

KOHL VERLAG Mathe-Training zur Wiederholung und Festigung / Klasse 9 – Bestell-Nr. 13 027

– LÖSUNG –

Aufgabe	Ergebnis	Buchstaben
$10^3 \cdot 5^3 =$	125.000	NET
$12^2 : 4^2 =$	9	WAFF
$10^3 \cdot 4^2 =$	16.000	BE
$4^4 \cdot 4^2 =$	4096	UN
$4^4 : 4^2 =$	16	BIST
$2^5 \cdot 5^2 =$	800	DU
$5^5 : 1^5 =$	3125	WEIß
$5^3 - 6^2 =$	89	ICH
$3^4 \cdot 5^4 =$	50.625	ABER
$8^5 : 2^5 =$	1024	PFEN

Aufgabe	Ergebnis	Buchstaben
$7^3 \cdot 7^2 =$	16.807	KÄM
$9^8 : 9^3 =$	59.049	TIG
$6^2 + 5^3 =$	161	GEIS
$12^{10} : 12^8 =$	144	DICH
$2^{10} \cdot 3^2 =$	9216	GEN
$11^{11} : 11^{10} =$	11	GE
$11^2 \cdot 11^1 =$	1331	GERN
$11^2 + 11^1 =$	132	DE
$11^2 - 11^1 =$	110	WÜR
$12^2 \cdot 11^2 =$	17.424	ICH

Lösungssatz: ICH WÜRDE GERN GEGEN DICH GEISTIG KÄMPFEN.
ABER ICH WEIß, DU BIST UNBEWAFFNET.

GEHEIMSCHRIFT

KOHL VERLAG Mathe-Training zur Wiederholung und Festigung / Klasse 9 – Bestell-Nr. 13 027

Mit Potenzen rechnen – Dezimalzahlen, auch negative

8*

Fasse möglichst zusammen und potenziere dann. Runde auf 2 Stellen. Ordne aus dem Schlüssel die Buchstaben zu. Du erhältst den Lösungssatz in umgekehrter Reihenfolge.

Aufgabe	Ergebnis	Buchstaben	Aufgabe	Ergebnis	Buchstaben
$12{,}0^4 \cdot 7{,}0^4 =$	**49.787.136**	FÜHRT	$(-1{,}8)^3 \cdot 0{,}4^3 =$		
$12{,}0^4 \cdot 12{,}0^3 =$			$0{,}8^4 \cdot (-0{,}88)^4 =$		
$12{,}0^4 : 7{,}0^4 =$			$(0{,}88)^3 \cdot (-0{,}88)^4 =$		
$12{,}0^4 : 12{,}0^3 =$			$(-2{,}1)^5 : 0{,}21^5 =$		
$12{,}0^4 + 12{,}0^3 =$			$(-2{,}1)^5 : (-2{,}1)^3 =$		
$7{,}5^3 \cdot 6{,}5^3 =$			$0{,}28^3 - (-0{,}48)^4 =$		
$7{,}5^5 : 7{,}5^4 =$			$(-2{,}28)^5 + 1{,}18^4 =$		
$7{,}5^1 \cdot 7{,}5^4 =$			$(-2{,}28)^0 \cdot (-2{,}1)^0 =$		
$7{,}5^4 : 6{,}5^4 =$			$(-2{,}28)^1 \cdot 2{,}28^1 =$		
$7{,}5^4 - 12^4 =$			$(-2{,}28)^3 : (-2.28)^2 =$		

Schlüssel:

LE	FÜR	SCHEN	CHE	MAN
–100.000	–17.571,94	–59,67	–5,20	–2,28
BENDE	**DA**	**SIND**	**BEWEIS**	**MEN**
–0,41	–0,37	–0,03	0,25	1
DASS	**DER**	**VER**	**ZUM**	**SOFORT**
1,77	4,41	7,5	8,64	12
NICHT	**FÜHRT**	**TODE**	**GEHIRN**	**SAGEN**
22.464	49.787.136	35.831.808	23.730,47	115.857,42

Lös.: ______ ______ ______ ______ ______ ______ ______,
______ ______ ______ ______ ______ ______ FÜHRT.

GEHEIMSCHRIFT

KOHL VERLAG Mathe-Training zur Wiederholung und Festigung / Klasse 9 - Bestell-Nr. 13 027

– LÖSUNG –

Aufgabe	Ergebnis	Buchstaben	Aufgabe	Ergebnis	Buchstaben
$12{,}0^4 \cdot 7{,}0^4 =$	49.787.136	FÜHRT	$(-1{,}8)^3 \cdot 0{,}4^3 =$	– 0,37	DA
$12{,}0^4 \cdot 12{,}0^3 =$	35.831.808	TODE	$0{,}8^4 \cdot (-0{,}88)^4 =$	0,25	BEWEIS
$12{,}0^4 : 7{,}0^4 =$	8,64	ZUM	$(0{,}88)^3 \cdot (-0{,}88)^4 =$	– 0,41	BENDE
$12{,}0^4 : 12{,}0^3 =$	12	SOFORT	$(-2{,}1)^5 : 0{,}21^5 =$	– 100.000	LE
$12{,}0^4 + 12{,}0^3 =$	22.464	NICHT	$(-2{,}1)^5 : (-2{,}1)^3 =$	4,41	DER
$7{,}5^3 \cdot 6{,}5^3 =$	115.857,42	SAGEN	$0{,}28^3 - (-0{,}48)^4 =$	– 0,03	SIND
$7{,}5^5 : 7{,}5^4 =$	7,5	VER	$(-2{,}28)^5 + 1{,}18^4 =$	– 59,67	SCHEN
$7{,}5^1 \cdot 7{,}5^4 =$	23.730,47	GEHIRN	$(-2{,}28)^0 \cdot (-2{,}1)^0 =$	1	MEN
$7{,}5^4 : 6{,}5^4 =$	1,77	DASS	$(-2{,}28)^1 \cdot 2{,}28^1 =$	– 5,20	CHE
$7{,}5^4 - 12^4 =$	–17.571,94	FÜR	$(-2{,}28)^3 : (-2.28)^2 =$	– 2,28	MAN

Lösungssatz: MANCHE MENSCHEN SIND DER LEBENDE BEWEIS DAFÜR, DASS GEHIRNVERSAGEN NICHT SOFORT ZUM TODE FÜHRT.

GEHEIMSCHRIFT

KOHL VERLAG Mathe-Training zur Wiederholung und Festigung / Klasse 9 – Bestell-Nr. 13 027

Mit Potenzen rechnen – ganzzahliger Exponent, alle Regeln

9**

Fasse möglichst zusammen und potenziere dann. Runde auf 2 Stellen. Ordne aus dem Schlüssel die Buchstaben zu. Du erhältst den Lösungssatz in umgekehrter Reihenfolge.

Aufgabe	Ergebnis	Buchstabe
$3^5 \cdot 12^5 : 9^5 =$	**1024**	GLAS
$3^3 \cdot 3^9 : 3^6 =$		
$(2^3)^2 + 3^2 - 5^3 =$		
$(3 \cdot 4)^3 - (2 \cdot 4)^3 =$		
$2 \cdot 4^3 - 5 \cdot 4^3 =$		
$(3 \cdot 4)^{-3} : (2 \cdot 4)^{-3} =$		
$(3 \cdot 4)^3 \cdot (2 \cdot 4)^3 =$		
$3 \cdot 4^3 \cdot 2 \cdot 4^3 =$		
$(3^3)^2 - (4^2)^3 =$		
$(3^3)^2 : (4^2)^3 =$		

Aufgabe	Ergebnis	Buchstabe
$3{,}2^3 \cdot 1{,}2^3 : 5{,}2^3 =$		
$3{,}2^3 + 1{,}2^3 - 5{,}2^3 =$		
$3{,}2^3 : 3{,}2^1 : 3{,}2^4 =$		
$3{,}2^3 \cdot 3{,}2^1 : 3{,}2^4 =$		
$(-2{,}3)^3 \cdot (-2{,}3)^0 \cdot (-2{,}3)^2 =$		
$(-2{,}3)^0 : (-2{,}3)^1 : (-2{,}3)^2 =$		
$2{,}3^2 \cdot 2{,}3^{-1} - 2{,}3 =$		
$2{,}3^3 - 2{,}3^2 \cdot 3{,}2^2 =$		
$1{,}2^4 \cdot 0{,}4^2 \cdot 1{,}2^2 =$		
$1{,}2^4 \cdot 1{,}2^{-4} : 0{,}9^2 =$		

Schlüssel:

Zahl	Silbe
–3367	ZE
–192	SPIE
–106,11	SUCHST
–64,36	NACH
–52	KEIN
–42,0	BEI
–0,08	SCHEN
0,30	NEN
0	MEN
0,10	LERN
0,18	NUT
0,40	BE
0,48	DU
1	FEH
1,23	WENN
729	FERN
1024	GLAS
1216	GEL
24.576	NUR
884.736	EI

Lös.: ____ ____ ____ ____ ____ ____ ____ ____, ____ ____ ____ ____, ____ ____GLAS.

GEHEIMSCHRIFT

Mit Potenzen rechnen – ganzzahliger Exponent, alle Regeln | 9**

– LÖSUNG –

Aufgabe	Ergebnis	Buchstabe	Aufgabe	Ergebnis	Buchstabe
$3^5 \cdot 12^5 : 9^5 =$	1024	GLAS	$3{,}2^3 \cdot 1{,}2^3 : 5{,}2^3 =$	0,40	BE
$3^3 \cdot 3^9 : 3^6 =$	729	FERN	$3{,}2^3 + 1{,}2^3 - 5{,}2^3 =$	– 106,11	SUCHST
$(2^3)^2 + 3^2 - 5^3 =$	– 52	KEIN	$3{,}2^3 : 3{,}2^1 : 3{,}2^4 =$	0,10	LERN
$(3 \cdot 4)^3 - (2 \cdot 4)^3 =$	1216	GEL	$3{,}2^3 \cdot 3{,}2^1 : 3{,}2^4 =$	1	FEH
$2 \cdot 4^3 - 5 \cdot 4^3 =$	– 192	SPIE	$(-2{,}3)^3 \cdot (-2{,}3)^0 \cdot (-2{,}3)^2 =$	– 64,36	NACH
$(3 \cdot 4)^{-3} : (2 \cdot 4)^{-3} =$	0,30	NEN	$(-2{,}3)^0 : (-2{,}3)^1 : (-2{,}3)^2 =$	– 0,08	SCHEN
$(3 \cdot 4)^3 \cdot (2 \cdot 4)^3 =$	884.736	EI	$2{,}3^2 \cdot 2{,}3^{-1} - 2{,}3 =$	0	MEN
$3 \cdot 4^3 \cdot 2 \cdot 4^3 =$	24.576	NUR	$2{,}3^3 - 2{,}3^2 \cdot 3{,}2^2 =$	– 42,0	BEI
$(3^3)^2 - (4^2)^3 =$	– 3367	ZE	$1{,}2^4 \cdot 0{,}4^2 \cdot 1{,}2^2 =$	0,48	DU
$(3^3)^2 : (4^2)^3 =$	0,18	NUT	$1{,}2^4 \cdot 1{,}2^{-4} : 0{,}9^2 =$	1,23	WENN

Lösungssatz: WENN DU BEI MENSCHEN NACH FEHLERN SUCHST, BENUTZE NUR EINEN SPIEGEL, KEIN FERNGLAS.

GEHEIMSCHRIFT

Rechnen mit Wurzeln

Rechne, schneide die Puzzleteile aus und lege sie im Spielplan passend auf.

Puzzleteile:

Spielplan:

$\sqrt{81} - \sqrt{16} - \sqrt{9} =$	$\sqrt{100} - \sqrt{9} - \sqrt{36} =$	$3\sqrt{64} + 3\sqrt{81} - 5\sqrt{49} =$	$3\sqrt{25} + 5\sqrt{49} =$	$4\sqrt{144} - 5\sqrt{49} =$
$3\sqrt{25} - \sqrt{9} + \sqrt{64} =$	$6\sqrt{9} - 2\sqrt{9} - 3\sqrt{1} =$	$10\sqrt{25} - 3\sqrt{25} + 4\sqrt{25} =$	$\sqrt{9} \cdot 3\sqrt{25} - 3\sqrt{100} =$	$6\sqrt{100} \cdot \sqrt{25} : \sqrt{16} =$
$\sqrt{121} + \sqrt{49} \cdot \sqrt{4} =$	$5\sqrt{10} \cdot \sqrt{40} =$	$3\sqrt{9} \cdot \sqrt{49} =$	$\sqrt{1} \cdot \sqrt{3} \cdot \sqrt{6} \cdot \sqrt{2} =$	$\sqrt{5} \cdot \sqrt{20} \cdot \sqrt{16} =$
$\sqrt{6} \cdot \sqrt{150} =$	$(\sqrt{7^2})^2 =$	$\sqrt{(-8)^2} : \sqrt{4} =$	$55 : \sqrt{121} =$	$\sqrt{64} \cdot 4 \cdot \sqrt{2} : \sqrt{32} =$

PUZZLE

KOHL VERLAG – Mathe-Training zur Wiederholung und Festigung / Klasse 9 – Bestell-Nr. 13 027

– LÖSUNG –

PUZZLE

KOHL VERLAG Mathe-Training zur Wiederholung und Festigung / Klasse 9 – Bestell-Nr. 13 027

Rechnen mit Wurzeln

Rechne, schneide die Puzzleteile aus und lege sie im Spielplan passend auf.

Puzzleteile:

Spielplan:

$\sqrt{100} + 2\sqrt{100} + 4\sqrt{100} =$	$(\sqrt{20} + \sqrt{80}) \cdot \sqrt{5} =$	$\sqrt{25} \cdot (8 + 12) =$	$\sqrt{9} + (\sqrt{17^2}) =$	$\sqrt{100} + \sqrt{81} - \sqrt{49} =$
$2\sqrt{5} \cdot \sqrt{8} \cdot \sqrt{10} =$	$\sqrt{2} \cdot (3\sqrt{8} - 2\sqrt{2}) =$	$\sqrt{80} \cdot (\sqrt{125} - \sqrt{5}) =$	$(\sqrt{2} + \sqrt{8})^2 =$	$2\sqrt{225} + 2\sqrt{324} - 3\sqrt{100} =$
$2\sqrt{9} + 4\sqrt{49} =$	$\sqrt{2} \cdot (\sqrt{32} - \sqrt{8}) =$	$\sqrt{1000} \cdot \sqrt{10} : \sqrt{100} =$	$\sqrt{9} : \sqrt{16} \cdot \sqrt{400} =$	$2\sqrt{15} : \sqrt{3} \cdot \sqrt{5} - 1 =$
$\sqrt{45} \cdot \sqrt{160} : \sqrt{2} =$	$(10\sqrt{100} - 5\sqrt{100}) : \sqrt{4} =$	$\sqrt{7}\,(\sqrt{7} + \sqrt{28}) =$	$\sqrt{32} - 12\sqrt{2} + \sqrt{128} =$	$4\sqrt{12} \cdot \sqrt{18} : 8\sqrt{6} =$

PUZZLE

KOHL VERLAG Mathe-Training zur Wiederholung und Festigung / Klasse 9 – Bestell-Nr. 13 027

– LÖSUNG –

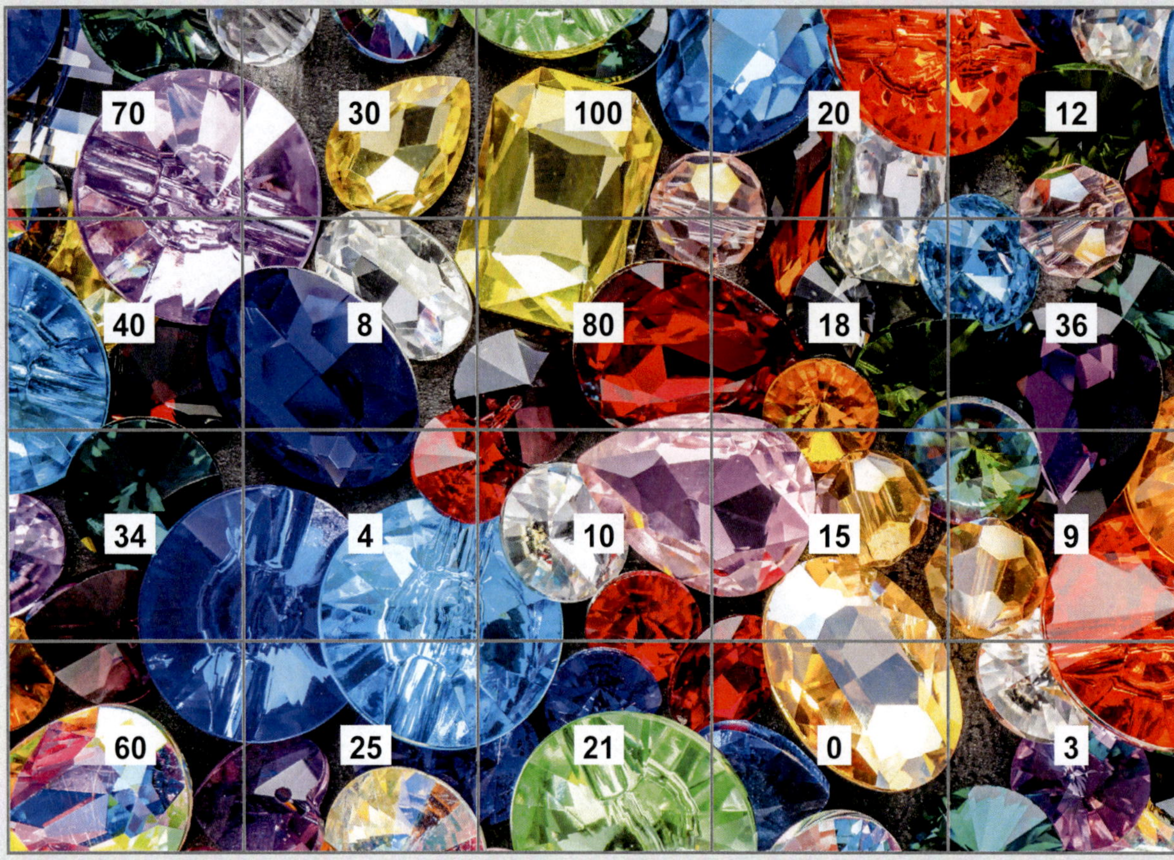

KOHL VERLAG Mathe-Training zur Wiederholung und Festigung / Klasse 9 – Bestell-Nr. 13 027

Rechnen mit Wurzeln

Rechne, schneide die Puzzleteile aus und lege sie im Spielplan passend auf.

Puzzleteile:

Spielplan:

$\sqrt{16} \cdot (\sqrt{9} + \sqrt{25}) - \sqrt[3]{8} =$	$\sqrt{6} \cdot (\sqrt{\frac{3}{2}} + \sqrt{\frac{8}{3}}) =$	$(\sqrt{18} - \sqrt{5}) \cdot (\sqrt{18} + \sqrt{5}) =$	$\sqrt{5^4} + 4\sqrt[3]{125} + \sqrt{25} =$	$\sqrt[3]{64} + \sqrt[3]{8} + 5\sqrt{1^2} =$
$\sqrt[3]{\sqrt{1^5}} =$	$(\sqrt{45} + \sqrt{20})^2 =$	$\sqrt{300} : \sqrt{3} \cdot \frac{1}{4}\sqrt{64} =$	$\sqrt{\sqrt[4]{10^8}} =$	$\frac{\sqrt{2} \cdot \sqrt{3} \cdot \sqrt{6}}{\sqrt{4}} =$
$\frac{\sqrt{55} \cdot (\sqrt{20} + \sqrt{5})}{\sqrt{11}} =$	$\sqrt[4]{\sqrt{2^8}} =$	$\frac{\sqrt{20} \cdot 2\sqrt{6}}{\sqrt{10} \cdot \sqrt{12}} - 2 =$	$\sqrt{\sqrt[3]{4^6}} =$	$\sqrt{\sqrt[3]{10^{12}}} =$
$4\sqrt{\frac{9}{25}} : \sqrt{\frac{4}{225}} =$	$\frac{9 \cdot \sqrt[3]{1000}}{\sqrt{100}} =$	$\sqrt{((2^2)^3)^1} =$	$\frac{35}{\sqrt{25}} \cdot \sqrt[3]{125} =$	$(\sqrt{30} + \sqrt{30})^2 =$

PUZZLE

KOHL VERLAG Mathe-Training zur Wiederholung und Festigung / Klasse 9 – Bestell-Nr. 13 027

– LÖSUNG –

PUZZLE

Lineare Gleichungen mit 2 Variablen – Ganze Zahlen

Bestimme x und y und ordne aus dem Schlüssel die richtigen Buchstaben zu.
Du erhältst einen Lösungssatz, den du von hinten nach vorn lesen kannst.

Gleichungen	x = y =	Buch- staben
$x + 3y = 11$ $5x + 2y = 16$	**x = 2** **y = 3**	DEN
$4x + 4y = 24$ $x - 2y = 0$	x = y =	
$-4x + 2y = 2$ $x + 3y = 10$	x = y =	
$x - 8y = -3$ $2x + 4y = 14$	x = y =	
$5x - 5y = -20$ $x + 2y = 17$	x = y =	
$5x + y = 55$ $2x + 3y = 35$	x = y =	
$3x + y = 22$ $4x - 2y = 16$	x = y =	

Gleichungen	x = y =	Buch- staben
$x + 5y = -18$ $5x + 2y = 2$	x = y =	
$x - 2y = -13$ $3x + 2y = 1$	x = y =	
$-x + 3y = -13$ $6x - 3y = 18$	x = y =	
$3x + y = -4$ $-3x + 7y = 20$	x = y =	
$10x - y = 99$ $20x - 2y = 198$	x = y =	
$12x - 3y = -69$ $6x + y = -27$	x = y =	
$5x + y = -22$ $x - 5y = 6$	x = y =	

Schlüssel:

- x = –5, y = 3: GIBT
- x = –4, y = –2: ES
- x = –3, y = 5: LEH
- x = –2, y = 2: WITZE
- x = 1, y = –4: ÜBER
- x = 1, y = 3: NICHTS
- x = 2, y = –4: RER
- x = 2, y = 3: DEN
- x = 3, y = 7: WAHR
- x = 4, y = 2: ERFUN
- x = 5, y = 1: UND
- x = 6, y = 4: ALLES
- x = 9, y = –9: KEINE
- x = 10, y = 5: IST

Lösungssatz: ___ ______ ______ ______ ______ ______.
______ ___ ______ ______ ______ ______ ______ DEN.

GEHEIMSCHRIFT

KOHL VERLAG Mathe-Training zur Wiederholung und Festigung / Klasse 9 – Bestell-Nr. 13 027

– LÖSUNG –

Gleichungen	x = y =	Buchstaben
$x + 3y = 11$ $5x + 2y = 16$	$x = 2$ $y = 3$	DEN
$4x + 4y = 24$ $x - 2y = 0$	$x = 4$ $y = 2$	ERFUN
$-4x + 2y = 2$ $x + 3y = 10$	$x = 1$ $y = 3$	NICHTS
$x - 8y = -3$ $2x + 4y = 14$	$x = 5$ $y = 1$	UND
$5x - 5y = -20$ $x + 2y = 17$	$x = 3$ $y = 7$	WAHR
$5x + y = 55$ $2x + 3y = 35$	$x = 10$ $y = 5$	IST
$3x + y = 22$ $4x - 2y = 16$	$x = 6$ $y = 4$	ALLES

Gleichungen	x = y =	Buchstaben
$x + 5y = -18$ $5x + 2y = 2$	$x = 2$ $y = -4$	RER
$x - 2y = -13$ $3x + 2y = 1$	$x = -3$ $y = 5$	LEH
$-x + 3y = -13$ $6x - 3y = 18$	$x = 1$ $y = -4$	ÜBER
$3x + y = -4$ $-3x + 7y = 20$	$x = -2$ $y = 2$	WITZE
$10x - y = 99$ $20x - 2y = 198$	$x = 9$ $y = -9$	KEINE
$12x - 3y = -69$ $6x + y = -27$	$x = -5$ $y = 3$	GIBT
$5x + y = -22$ $x - 5y = 6$	$x = -4$ $y = -2$	ES

Lösungssatz: ES GIBT KEINE WITZE ÜBER LEHRER.
ALLES IST WAHR UND NICHTS ERFUNDEN.

GEHEIMSCHRIFT

KOHL VERLAG Mathe-Training zur Wiederholung und Festigung / Klasse 9 – Bestell-Nr. 13 027

Lineare Gleichungen mit 2 Variablen – Ganze Zahlen

14*

Bestimme x und y und ordne aus dem Schlüssel die richtigen Buchstaben zu.
Du erhältst einen Lösungssatz, den du von hinten nach vorn lesen kannst.

Gleichungen	x = y =	Buchstaben
$5x + 2y = 8$ $-5x - 4y = 4$	**x = 4** **y = –6**	HIMMEL
$2x + 3y = 4$ $-4x + 2y = 8$	x = y =	
$-3x + 5y = 9$ $6x + 2y = 18$	x = y =	
$-4x + 3y = -14$ $12x + y = 62$	x = y =	
$8x + 2y = 16$ $-2x + 7y = -34$	x = y =	
$5x + 3y = -1$ $15x - 6y = 27$	x = y =	
$3x - 6y = -18$ $-9x + 2y = -10$	x = y =	

Gleichungen	x = y =	Buchstaben
$-7x - 3y = 13$ $-2x + 9y = 53$	x = y =	
$-3x + 2y = 5$ $-5x - 6y = -1$	x = y =	
$3x + 10y = 11$ $4x - 5y = -22$	x = y =	
$-4x + 12y = -96$ $-5x + 4y = -54$	x = y =	
$-2x + 6y = 40$ $4x - 3y = -8$	x = y =	
$4x + 7y = -5$ $-6x - 21y = -3$	x = y =	
$5x - 9y = -20$ $-7x + 12y = 25$	x = y =	

Schlüssel:

- x = –4, y = 5: **IST**
- x = –3, y = 1: **GRÖ**
- x = –3, y = 2: **DACH**
- x = –1, y = 2: **DEN**
- x = –1, y = 1: **SCHADEN**
- x = 1, y = –2: **KLARER**
- x = 2, y = 3: **IN**
- x = 2, y = 4: **DESTO**
- x = 3, y = –4: **DER**
- x = 4, y = –6: **HIMMEL**
- x = 4, y = 8: **ßER**
- x = 5, y = 2: **BLICK**
- x = 5, y = 5: **JE**
- x = 6, y = –6: **DER**

Lösungssatz: ___ __________ _____ _______________ _____, ________

_______ _____ ________ ___ _____ HIMMEL.

GEHEIMSCHRIFT

Lineare Gleichungen mit 2 Variablen – Ganze Zahlen

– LÖSUNG –

Gleichungen	x = / y =	Buchstaben
$5x + 2y = 8$ $-5x - 4y = 4$	$x = 4$ $y = -6$	HIMMEL
$2x + 3y = 4$ $-4x + 2y = 8$	$x = -1$ $y = 2$	DEN
$-3x + 5y = 9$ $6x + 2y = 18$	$x = 2$ $y = 3$	IN
$-4x + 3y = -14$ $12x + y = 62$	$x = 5$ $y = 2$	BLICK
$8x + 2y = 16$ $-2x + 7y = -34$	$x = 3$ $y = -4$	DER
$5x + 3y = -1$ $15x - 6y = 27$	$x = 1$ $y = -2$	KLARER
$3x - 6y = -18$ $-9x + 2y = -10$	$x = 2$ $y = 4$	DESTO

Gleichungen	x = / y =	Buchstaben
$-7x - 3y = 13$ $-2x + 9y = 53$	$x = -4$ $y = 5$	IST
$-3x + 2y = 5$ $-5x - 6y = -1$	$x = -1$ $y = 1$	SCHADEN
$3x + 10y = 11$ $4x - 5y = -22$	$x = -3$ $y = 2$	DACH
$-4x + 12y = -96$ $-5x + 4y = -54$	$x = 6$ $y = -6$	DER
$-2x + 6y = 40$ $4x - 3y = -8$	$x = 4$ $y = 8$	ßER
$4x + 7y = -5$ $-6x - 21y = -3$	$x = -3$ $y = 1$	GRÖ
$5x - 9y = -20$ $-7x + 12y = 25$	$x = 5$ $y = 5$	JE

Lösungssatz: JE GRÖßER DER DACHSCHADEN IST, DESTO KLARER DER BLICK IN DEN HIMMEL.

GEHEIMSCHRIFT

KOHL VERLAG Mathe-Training zur Wiederholung und Festigung / Klasse 9 – Bestell-Nr. 13 027

Lineare Gleichungen mit 2 Variablen – Dezimalzahlen

15**

Bestimme x und y und ordne aus dem Schlüssel die richtigen Buchstaben zu.
Du erhältst einen Lösungssatz, den du von hinten nach vorn lesen kannst.

Gleichungen	x = y =	Buch- staben
$x + 5y = 1$ $2x - 5y = 0{,}5$	**x = 0,5** **y = 0,1**	IST
$x + 2y = -0{,}3$ $3x + 4y = -0{,}5$	x = y =	
$3x + y = 2{,}2$ $-3x + 5y = -5{,}2$	x = y =	
$2x + 3y = 1$ $6x + 4y = 1$	x = y =	
$4x - 4y = 0{,}8$ $8x - 5y = 4{,}3$	x = y =	
$-4x + 8y = 12{,}4$ $5x - 4y = -8{,}9$	x = y =	
$-1{,}1x + 2y = 3{,}8$ $2{,}2x + 4y = 16{,}4$	x = y =	

Gleichungen	x = y =	Buch- staben
$0{,}9x - 1{,}5y = 5{,}4$ $1{,}5x + 3y = -7{,}5$	x = y =	
$-2{,}5x - 1{,}2y = -0{,}1$ $7{,}5x - 1{,}2y = 9{,}9$	x = y =	
$-0{,}3x + 0{,}5y = -2{,}45$ $1{,}5x - 0{,}6y = 4{,}65$	x = y =	
$6{,}5x - 0{,}4y = 6{,}31$ $-1{,}3x - 1{,}4y = -4{,}37$	x = y =	
$-0{,}1x + 0{,}1y = -0{,}3$ $1{,}1x + 1{,}1y = 0$	x = y =	
$5{,}5x - 4{,}5y = -10{,}5$ $15x - 9y = -27$	x = y =	
$-7{,}5x + 2{,}5y = 8$ $7{,}5x + 2{,}5y = -4$	x = y =	

Schlüssel:

- **x = –1,5, y = 0,5** – GEGEN
- **x = –0,1, y = 0,4** – WENN
- **x = 1, y = –2** – HIRN
- **x = 0,1, y = –0,2** – LEER
- **x = –0,9, y = 1,1** – DER
- **x = 0,5, y = 0,1** – IST
- **x = –0,8, y = 0,8** – IM
- **x = 0,9, y = –0,5** – ER
- **x = 1,5, y = –4** – GE
- **x = 1, y = –3** – MELDET
- **x = 1,5, y = –1,5** – SATZ
- **x = 1,1, y = 0,9** – MAGEN
- **x = 2, y = 3** – SICH
- **x = 1,1, y = 2,1** – ZUM

Lösungssatz: ___ ________________ _____ ___________ __________

_________ _____ ___________, __________ ___ ________ IST.

GEHEIMSCHRIFT

KOHL VERLAG Mathe-Training zur Wiederholung und Festigung / Klasse 9 – Bestell-Nr. 13 027

– LÖSUNG –

Gleichungen	x = y =	Buchstaben
$x + 5y = 1$ $2x - 5y = 0{,}5$	$x = 0{,}5$ $y = 0{,}1$	IST
$x + 2y = -0{,}3$ $3x + 4y = -0{,}5$	$x = 0{,}1$ $y = -0{,}2$	LEER
$3x + y = 2{,}2$ $-3x + 5y = -5{,}2$	$x = 0{,}9$ $y = -0{,}5$	ER
$2x + 3y = 1$ $6x + 4y = 1$	$x = -0{,}1$ $y = 0{,}4$	WENN
$4x - 4y = 0{,}8$ $8x - 5y = 4{,}3$	$x = 1{,}1$ $y = 0{,}9$	MAGEN
$-4x + 8y = 12{,}4$ $5x - 4y = -8{,}9$	$x = -0{,}9$ $y = 1{,}1$	DER
$-1{,}1x + 2y = 3{,}8$ $2{,}2x + 4y = 16{,}4$	$x = 2$ $y = 3$	SICH

Gleichungen	x = y =	Buchstaben
$0{,}9x - 1{,}5y = 5{,}4$ $1{,}5x + 3y = -7{,}5$	$x = 1$ $y = -3$	MELDET
$-2{,}5x - 1{,}2y = -0{,}1$ $7{,}5x - 1{,}2y = 9{,}9$	$x = 1$ $y = -2$	HIRN
$-0{,}3x + 0{,}5y = -2{,}45$ $1{,}5x - 0{,}6y = 4{,}65$	$x = 1{,}5$ $y = -4$	GE
$6{,}5x - 0{,}4y = 6{,}31$ $-1{,}3x - 1{,}4y = -4{,}37$	$x = 1{,}1$ $y = 2{,}1$	ZUM
$-0{,}1x + 0{,}1y = -0{,}3$ $1{,}1x + 1{,}1y = 0$	$x = 1{,}5$ $y = -1{,}5$	SATZ
$5{,}5x - 4{,}5y = -10{,}5$ $15x - 9y = -27$	$x = -1{,}5$ $y = 0{,}5$	GEGEN
$-7{,}5x + 2{,}5y = 8$ $7{,}5x + 2{,}5y = -4$	$x = -0{,}8$ $y = 0{,}8$	IM

Lösungssatz: IM GEGENSATZ ZUM GEHIRN MELDET SICH DER MAGEN, WENN ER LEER IST.

GEHEIMSCHRIFT

KOHL VERLAG Mathe-Training zur Wiederholung und Festigung / Klasse 9 – Bestell-Nr. 13 027

Rein quadratische Gleichungen

16

Bestimme die beiden Lösungen x_1 und x_2 und male nur die Felder mit den Ergebniszahlen mit einer Farbe aus.

1 / –1	1 / –2	1 / –3	1 / –4	1 / –5	2 / –2
2 / –3	**3 / –3**	4 / –4	5 / –5	6 / –6	6 / –5
7 / –6	7 / –7	8 / –8	9 / –9	10 / –10	10 / –11
11 / –12	11 / –11	12 / –12	20 / –20	30 / –30	35 / –35
40 / –40	42 / –42	44 / –44	45 / –45	49 / –49	50 / –50

Gleichung	x_1 / x_2
$x^2 - 9 = 0$	**3 / –3**
$x^2 - 400 = 0$	
$x^2 - 1600 = 0$	
$x^2 - 8 = 8$	
$x^2 - 18 = 18$	
$x^2 - 10 = -6$	
$x^2 - 50 = -25$	
$x^2 + 5 = 6$	

Gleichung	x_1 / x_2
$x^2 + 19 = 100$	
$x^2 + 1 = 50$	
$x^2 + 10 = 74$	
$x^2 - 80 = 10 + 10$	
$x^2 - 100 = 22 + 22$	
$x^2 - 500 = 100 + 300$	
$x^2 - 21 = 40 + 60$	
$x^2 - 500 = 1500 + 500$	

AUSMALEN

KOHL VERLAG Mathe-Training zur Wiederholung und Festigung / Klasse 9 – Bestell-Nr. 13 027

– LÖSUNG –

1 / –1	1 / –2	1 / –3	1 / –4	1 / –5	2 / –2
2 / –3	3 / –3	4 / –4	5 / –5	6 / –6	6 / –5
7 / –6	7 / –7	8 / –8	9 / –9	10 / –10	10 / –11
11 / –12	11 / –11	12 / –12	20 / –20	30 / –30	35 / –35
40 / –40	42 / –42	44 / –44	45 / –45	49 / –49	50 / –50

Gleichung	x_1 / x_2
$x^2 - 9 = 0$	3 / –3
$x^2 - 400 = 0$	20 / –20
$x^2 - 1600 = 0$	40 / –40
$x^2 - 8 = 8$	4 / –4
$x^2 - 18 = 18$	6 / –6
$x^2 - 10 = -6$	2 / –2
$x^2 - 50 = -25$	5 / –5
$x^2 + 5 = 6$	1 / –1

Gleichung	x_1 / x_2
$x^2 + 19 = 100$	9 / –9
$x^2 + 1 = 50$	7 / –7
$x^2 + 10 = 74$	8 / –8
$x^2 - 80 = 10 + 10$	10 / –10
$x^2 - 100 = 22 + 22$	12 / –12
$x^2 - 500 = 100 + 300$	30 / –30
$x^2 - 21 = 40 + 60$	11 / –11
$x^2 - 500 = 1500 + 500$	50 / –50

AUSMALEN

Rein quadratische Gleichungen

17*

Bestimme die beiden Lösungen x_1 und x_2 und male nur die Felder mit den Ergebniszahlen mit einer Farbe aus.

1 / –3	1 / –2	1 / –1	2 / –2	2 / –1	3 / –1
3 / –2	3 / –3	4 / –4	5 / –5	6 / –6	6 / –7
7 / –7	8 / –8	8 / –9	9 / –8	**9 / –9**	10 / –10
11 / –10	11 / –11	12 / –12	15 / –15	20 / –20	21 / –21
22 / –22	24 / –24	25 / –25	50 / –50	60 / –60	100 / –100

Gleichung	x_1 / x_2
$2x^2 - 160 = 2$	**9 / –9**
$4x^2 - 200 = 56$	
$2x^2 - 100 = 142$	
$5x^2 - 360 = 360$	
$10x^2 - 250 = 2000$	
$5x^2 - 1000 = 1000$	
$10x^2 - 1250 = 5000$	
$2x^2 - 2500 = 2500$	

Gleichung	x_1 / x_2
$x^2 - \sqrt{36} = 30$	
$2x^2 - \sqrt{25} = 27$	
$x^2 - \sqrt{49} = 42$	
$3x^2 - 100 - 200 = 0$	
$3x^2 - \sqrt{4} - 10 = 0$	
$5x^2 - \sqrt{16} = 1$	
$5x^2 - \sqrt{36} - 39 = 0$	
$10x^2 - \sqrt{225} = 235$	

AUSMALEN

KOHL VERLAG Lernen mit Erfolg
Mathe-Training zur Wiederholung und Festigung / Klasse 9 – Bestell-Nr. 13 027

Rein quadratische Gleichungen

17*

– LÖSUNG –

1 / –3	1 / –2	1 / –1	2 / –2	2 / –1	3 / –1
3 / –2	3 / –3	4 / –4	5 / –5	6 / –6	6 / –7
7 / –7	8 / –8	8 / –9	9 / –8	9 / –9	10 / –10
11 / –10	11 / –11	12 / –12	15 / –15	20 / –20	21 / –21
22 / –22	24 / –24	25 / –25	50 / –50	60 / –60	100 / –100

Gleichung	x_1 / x_2
$2x^2 - 160 = 2$	9 / –9
$4x^2 - 200 = 56$	8 / –8
$2x^2 - 100 = 142$	11 / –11
$5x^2 - 360 = 360$	12 / –12
$10x^2 - 250 = 2000$	15 / –15
$5x^2 - 1000 = 1000$	20 / –20
$10x^2 - 1250 = 5000$	25 / –25
$2x^2 - 2500 = 2500$	50 / –50

Gleichung	x_1 / x_2
$x^2 - \sqrt{36} = 30$	6 / –6
$2x^2 - \sqrt{25} = 27$	4 / –4
$x^2 - \sqrt{49} = 42$	7 / –7
$3x^2 - 100 - 200 = 0$	10 / –10
$3x^2 - \sqrt{4} - 10 = 0$	2 / –2
$5x^2 - \sqrt{16} = 1$	1 / –1
$5x^2 - \sqrt{36} - 39 = 0$	3 / –3
$10x^2 - \sqrt{225} = 235$	5 / –5

AUSMALEN

KOHL VERLAG Mathe-Training zur Wiederholung und Festigung / Klasse 9 – Bestell-Nr. 13 027

Rein quadratische Gleichungen

18**

Bestimme die beiden Lösungen x_1 und x_2 und male nur die Felder mit den Ergebniszahlen mit einer Farbe aus.

1 / –1	2 / –2	3 / –3	4 / –4	6 / –6	6 / 6
7 / –8	7 / –7	8 / –8	8 / –9	9 / –9	9 / –5
9 / –3	10 / –10	10 / –11	10 / –20	**11 / –11**	12 / –12
13 / –13	14 / –4	14 / 4	15 / –20	15 / –15	15 / –5
15 / 0	15 / 1	16 / –4	18 / 2	20 / –20	20 / 20

Gleichung	x_1 / x_2
$3x^2 - 4^3 = \sqrt{81} + 290$	**11 / –11**
$(x - 3)^2 = 36$	
$2x^2 - 5^4 = 25 \cdot \sqrt{49}$	
$(x - 5)^2 = 81$	
$3x \cdot (4 - x) = 12 \cdot (x - 1)$	
$2x^2 - 10^2 = 7 \cdot 5 \cdot 10$	
$(x - 6)^2 = 100$	
$5x \cdot (9 - x) = (x - 1) \cdot 45$	

Gleichung	x_1 / x_2
$10x^2 - 10^3 = 440$	
$10x \cdot (100 - x) = (x - 1) \cdot 1000$	
$(x - 10)^2 = 64$	
$5x^2 - 55 = \sqrt{64} + 17$	
$4x \cdot (81 - x) = (x - 1) \cdot 9^2 \cdot 4$	
$(x - 8)^2 = 49$	
$3x \cdot (49 - x) = 21 \cdot 7 \cdot (x - 1)$	
$10x^2 - \sqrt{100} = \sqrt{100} + 300$	

AUSMALEN

KOHL VERLAG Mathe-Training zur Wiederholung und Festigung / Klasse 9 – Bestell-Nr. 13 027

– LÖSUNG –

1 / –1	2 / –2	3 / –3	4 / –4	6 / –6	6 / 6
7 / –8	7 / –7	8 / –8	8 / –9	9 / –9	9 / –5
9 / –3	10 / –10	10 / –11	10 / –20	11 / –11	12 / –12
13 / –13	14 / –4	14 / 4	15 / –20	15 / –15	15 / –5
15 / 0	15 / 1	16 / –4	18 / 2	20 / –20	20 / 20

Gleichung	x_1 / x_2
$3x^2 - 4^3 = \sqrt{81} + 290$	11 / –11
$(x - 3)^2 = 36$	9 / –3
$2x^2 - 5^4 = 25 \cdot \sqrt{49}$	20 / –20
$(x - 5)^2 = 81$	14 / –4
$3x \cdot (4 - x) = 12 \cdot (x - 1)$	2 / –2
$2x^2 - 10^2 = 7 \cdot 5 \cdot 10$	15 / –15
$(x - 6)^2 = 100$	16 / –4
$5x \cdot (9 - x) = (x - 1) \cdot 45$	3 / –3

Gleichung	x_1 / x_2
$10x^2 - 10^3 = 440$	12 / –12
$10x \cdot (100 - x) = (x - 1) \cdot 1000$	10 / –10
$(x - 10)^2 = 64$	18 / 2
$5x^2 - 55 = \sqrt{64} + 17$	4 / –4
$4x \cdot (81 - x) = (x - 1) \cdot 9^2 \cdot 4$	9 / –9
$(x - 8)^2 = 49$	15 / 1
$3x \cdot (49 - x) = 21 \cdot 7 \cdot (x - 1)$	7 / –7
$10x^2 - \sqrt{100} = \sqrt{100} + 340$	6 / –6

AUSMALEN

KOHL VERLAG Mathe-Training zur Wiederholung und Festigung / Klasse 9 – Bestell-Nr. 13 027

Gemischt quadratische Gleichungen

Bestimme die Lösungen x_1 und x_2 und ordne aus dem Schlüssel die richtigen Buchstaben zu. Du erhältst einen Lösungssatz, den du von hinten nach vorn lesen kannst. Tipp: ausklammern!

Gleichung	x_1 / x_2	Buchstaben	Gleichung	x_1 / x_2	Buchstaben
$14x^2 - \frac{7}{4}x = 0$	**$0 / \frac{1}{8}$**	BECKEN	$x^2 + 36x = 0$		
$2x^2 - 2x = 0$			$-4x - x^2 = 0$		
$7x^2 + 3x = 0$			$x^2 + 31x = 0$		
$3x^2 + 6x = 0$			$x^2 - 9x = 0$		
$\frac{1}{2}x^2 + 3x = 0$			$11x + x^2 = 0$		
$x^2 - 6x = 0$			$x^2 + x = 0$		
$x^2 = 3x$			$2x^2 + 1,5x = 0$		
$x^2 - 4x = 0$			$x - \frac{3}{2}x^2 = 0$		

Schlüssel:

$0 \mid \frac{1}{8}$ BECKEN	$0 \mid \frac{2}{3}$ EIN	$0 \mid 1$ SCHWIMM	$0 \mid 3$ EIN
$0 \mid 4$ WIE	$0 \mid 6$ PINKEL	$0 \mid 9$ EINEM	$0 \mid -\frac{3}{7}$ EINEM
$0 \mid -0,75$ RAUCH	$0 \mid -1$ BEREICH	$0 \mid -2$ IN	$0 \mid -4$ RANT
$0 \mid -6$ BEREICH	$0 \mid -11$ IN	$0 \mid -31$ RESTAU	$0 \mid -36$ IST

Lös.: _____ ____________ ___ ______ ____________

_____ _____ _____ ____________ ___ ______ ______ BECKEN.

GEHEIMSCHRIFT

KOHL VERLAG Mathe-Training zur Wiederholung und Festigung / Klasse 9 – Bestell-Nr. 13 027

– LÖSUNG –

Gleichung	x_1 / x_2	Buchstaben
$14x^2 - \frac{7}{4}x = 0$	$0 / \frac{1}{8}$	BECKEN
$2x^2 - 2x = 0$	0 / 1	SCHWIMM
$7x^2 + 3x = 0$	$0 / -\frac{3}{7}$	EINEM
$3x^2 + 6x = 0$	0 / –2	IN
$\frac{1}{2}x^2 + 3x = 0$	0 / –6	BEREICH
$x^2 - 6x = 0$	0 / 6	PINKEL
$x^2 = 3x$	0 / 3	EIN
$x^2 - 4x = 0$	0 / 4	WIE

Gleichung	x_1 / x_2	Buchstaben
$x^2 + 36x = 0$	0 / –36	IST
$-4x - x^2 = 0$	0 / –4	RANT
$x^2 + 31x = 0$	0 / –31	RESTAU
$x^2 - 9x = 0$	0 / 9	EINEM
$11x + x^2 = 0$	0 / –11	IN
$x^2 + x = 0$	0 / –1	BEREICH
$2x^2 + 1{,}5x = 0$	0 / –0,75	RAUCH
$x - \frac{3}{2}x^2 = 0$	$0 / \frac{2}{3}$	EIN

Lösungssatz: EIN RAUCHBEREICH IN EINEM RESTAURANT IST WIE EIN PINKELBEREICH IN EINEM SCHWIMMBECKEN.

KOHL VERLAG Mathe-Training zur Wiederholung und Festigung / Klasse 9 – Bestell-Nr. 13 027

Gemischt quadratische Gleichungen

20*

Bestimme die Lösungen x_1 und x_2 und ordne aus dem Schlüssel die richtigen Buchstaben zu. Du erhältst einen Lösungssatz, den du von hinten nach vorn lesen kannst. Tipp: ausklammern!

Gleichung	x_1 / x_2	Buchstaben
$5x^2 - 3x = 3x^2 + 18x$	**0 / 10,5**	SEINS
$x^2 + 8x = 24x + 5x^2$		
$x^2 - 5x = 2x$		
$6x^2 - 10x = 2x^2 - 5x$		
$2,5x^2 = 1,5x^2 - 0,95x$		
$\frac{x^2}{3} - 2x = 3x^2 - \frac{1}{3}x^2$		
$4,5x + 8x^2 = 6,7x + 7x^2$		
$2x^2 + x = x^2 - x$		

Gleichung	x_1 / x_2	Buchstaben
$4,5x + 9x^2 = 1,5x^2 - 9x$		
$\frac{1}{2}x^2 + 3,5x = 5x^2 + 8x$		
$x^2 + 21x = -2x^2 + 6x$		
$2x(x+9) = x^2 - 0,5x$		
$x^2 + 9x = -4x^2 - 0,5x$		
$\frac{5}{4}x^2 + \frac{1}{4}x = 21x$		
$x^2 - \frac{1}{3}x = \frac{5}{12}x + 2x^2$		
$16x^2 = \frac{9}{4}x + 4x^2$		

Schlüssel:

- 0 | $\frac{3}{16}$ – WENN
- 0 | 1,25 – ES
- 0 | $-\frac{6}{7}$ – BE
- 0 | –1,9 – PROBLEM
- 0 | 2,2 – ES
- 0 | –5 – MIR
- 0 | –1 – HAT
- 0 | 7 – IST
- 0 | 10,5 – SEINS
- 0 | 16,6 – EIN
- 0 | –0,75 – JEMAND
- 0 | –18,5 – MIT
- 0 | –1,8 – KANN
- 0 | –2 – ER
- 0 | –4 – JA
- 0 | –0,95 – HALTEN

Lösungssatz: ______ ______ ______ ____________ ______ ______ ______,
______ ___ ___ ____________, ___ ___ ______ ___ SEINS.

GEHEIMSCHRIFT

KOHL VERLAG Mathe-Training zur Wiederholung und Festigung / Klasse 9 – Bestell-Nr. 13 027

– LÖSUNG –

Gleichung	x_1 / x_2	Buchstaben
$5x^2 - 3x = 3x^2 + 18x$	0 / 10,5	SEINS
$x^2 + 8x = 24x + 5x^2$	0 / –4	JA
$x^2 - 5x = 2x$	0 / 7	IST
$6x^2 - 10x = 2x^2 - 5x$	0 / 1,25	ES
$2{,}5x^2 = 1{,}5x^2 - 0{,}95x$	0 / –0,95	HALTEN
$\frac{x^2}{3} - 2x = 3x^2 - \frac{1}{3}x^2$	$0 / -\frac{6}{7}$	BE
$4{,}5x + 8x^2 = 6{,}7x + 7x^2$	0 / 2,2	ES
$2x^2 + x = x^2 - x$	0 / –2	ER

Gleichung	x_1 / x_2	Buchstaben
$4{,}5x + 9x^2 = 1{,}5x^2 - 9x$	0 / –1,8	KANN
$\frac{1}{2}x^2 + 3{,}5x = 5x^2 + 8x$	0 / –1	HAT
$x^2 + 21x = -2x^2 + 6x$	0 / –5	MIR
$2x(x+9) = x^2 - 0{,}5x$	0 / –18,5	MIT
$x^2 + 9x = -4x^2 - 0{,}5x$	0 / –1,9	PROBLEM
$\frac{5}{4}x^2 + \frac{1}{4}x = 21x$	0 / 16,6	EIN
$x^2 - \frac{1}{3}x = \frac{5}{12}x + 2x^2$	0 / –0,75	JEMAND
$16x^2 = \frac{9}{4}x + 4x^2$	$0 / \frac{3}{16}$	WENN

Lösungssatz: WENN JEMAND EIN PROBLEM MIT MIR HAT, KANN ER ES BEHALTEN, ES IST JA SEINS.

KOHL VERLAG Mathe-Training zur Wiederholung und Festigung / Klasse 9 – Bestell-Nr. 13 027

Gemischt quadratische Gleichungen

21**

Bestimme die Lösungen x_1 und x_2 und ordne aus dem Schlüssel die richtigen Buchstaben zu. Du erhältst einen Lösungssatz, den du von hinten nach vorn lesen kannst.

Gleichung	x_1 / x_2	Buchstaben
$x^2 + 4x = x(6 - x)$	**0 / 1**	IST
$2x(3x + 1) = x^2 - 2x$		
$\frac{x^2}{3} - \frac{5}{3}x = \frac{1}{3}x$		
$\frac{1}{2}x^2 + 39x = 5x^2 + 3x$		
$-3x(x - 1) = x(3x - 4)$		
$\frac{1}{6}x(9x - 3) = 2x^2$		
$\frac{4}{5}x(x + 5) = -\frac{6}{5}x^2 + \frac{10}{3}x$		
$\frac{1}{4}x^2 = \frac{1}{5}(x^2 + 10x)$		

Gleichung	x_1 / x_2	Buchstaben
$x^2 - 3x = \frac{1}{2}x(x - 3)$		
$-3x(x - 2) = x(5x - 4)$		
$x(-2x - 3) = 12x(2 - x)$		
$2{,}25x^2 + 0{,}75x = 8x + 2x^2$		
$x(x + 9) = x(5{,}25x + 0{,}5)$		
$0{,}7x(x - 9) = -2{,}1x(x - 3)$		
$x(2 - x) = x + \frac{24}{5}x^2$		
$\frac{2}{5}x(x + \frac{3}{5}) = 4x(x - \frac{3}{5})$		

Schlüssel:

- $0 \mid \frac{5}{29}$ – TUN
- $0 \mid \frac{5}{4}$ – WEISS
- $0 \mid \frac{11}{15}$ – NICHTS
- $0 \mid 4{,}5$ – IST
- $0 \mid 2$ – SEHR
- $0 \mid 2{,}7$ – MAN
- $0 \mid 3$ – NIE
- $0 \mid 1$ – IST
- $0 \mid -0{,}8$ – TIG
- $0 \mid 6$ – FER
- $0 \mid 8$ – LICH
- $0 \mid 29$ – SCHWER
- $0 \mid 40$ – GENAU
- $0 \mid -\frac{1}{3}$ – WANN
- $0 \mid -1$ – MAN
- $0 \mid \frac{7}{6}$ – WIRK

Lös.: ____________ ______ ______ ________ ____________, ______ ______ ______

________, ________ ______ ______ ____________ ____________ IST.

GEHEIMSCHRIFT

KOHL VERLAG Mathe-Training zur Wiederholung und Festigung / Klasse 9 – Bestell-Nr. 13 027

Gemischt quadratische Gleichungen

– LÖSUNG –

Gleichung	x_1 / x_2	Buchstaben
$x^2 + 4x = x(6 - x)$	$0 / 1$	IST
$2x(3x + 1) = x^2 - 2x$	$0 / -0{,}8$	TIG
$\frac{x^2}{3} - \frac{5}{3}x = \frac{1}{3}x$	$0 / 6$	FER
$\frac{1}{2}x^2 + 39x = 5x^2 + 3x$	$0 / 8$	LICH
$-3x(x - 1) = x(3x - 4)$	$0 / \frac{7}{6}$	WIRK
$\frac{1}{6}x(9x - 3) = 2x^2$	$0 / -1$	MAN
$\frac{4}{5}x(x + 5) = -\frac{6}{5}x^2 + \frac{10}{3}x$	$0 / -\frac{1}{3}$	WANN
$\frac{1}{4}x^2 = \frac{1}{5}(x^2 + 10x)$	$0 / 40$	GENAU

Gleichung	x_1 / x_2	Buchstaben
$x^2 - 3x = \frac{1}{2}x(x - 3)$	$0 / 3$	NIE
$-3x(x - 2) = x(5x - 4)$	$0 / \frac{5}{4}$	WEISS
$x(-2x - 3) = 12x(2 - x)$	$0 / 2{,}7$	MAN
$2{,}25x^2 + 0{,}75x = 8x + 2x^2$	$0 / 29$	SCHWER
$x(x + 9) = x(5{,}25x + 0{,}5)$	$0 / 2$	SEHR
$0{,}7x(x - 9) = -2{,}1x(x - 3)$	$0 / 4{,}5$	IST
$x(2 - x) = x + \frac{24}{5}x^2$	$0 / \frac{5}{29}$	TUN
$\frac{2}{5}x(x + \frac{3}{5}) = 4x(x - \frac{3}{5})$	$0 / \frac{11}{15}$	NICHTS

Lösungssatz: NICHTS TUN IST SEHR SCHWER, MAN WEIß NIE GENAU, WANN MAN WIRKLICH FERTIG IST.

Gemischt quadratische Gleichungen

Bestimme die beiden Lösungen x_1 und x_2 und male nur die Felder mit den Ergebniszahlen mit einer Farbe aus.

0,4 / 2	0,5 / –3	0,5 / 2,5	0,5 / 4	0,5 / –7	0,9 / 3,5
1 / 5	1 / 7	1 / 10	1,5 / 2,3	2 / 4,5	2,2 / 1
2,5 / 3	3 / 3	5 / –8	6 / –4	7 / –5	–7 / –7
8 / 9	9 / 2,1	10 / –8	–1 / –2	–2 / –3	–2 / –2,2
–2 / 2,6	–2 / –1	–2 / –2	–2 / –3,2	–2 / 4	–4 / 6

Gleichung	x_1 / x_2
$x^2 - 6x + 5 = 0$	**1 / 5**
$x^2 - 11x + 10 = 0$	
$x^2 + 5x + 6 = 0$	
$x^2 + 14x + 49 = 0$	
$x^2 - 5{,}5x + 7{,}5 = 0$	
$x^2 - 3x + 1{,}25 = 0$	
$x^2 - 6x + 9 = 0$	
$x^2 + 4x + 4 = 0$	

Gleichung	x_1 / x_2
$x^2 - 2x - 24 = 0$	
$x^2 - 6{,}5x + 9 = 0$	
$x^2 - 2x - 8 = 0$	
$x^2 + 3x - 40 = 0$	
$x^2 + 6{,}5x - 3{,}5 = 0$	
$x^2 - 2x - 80 = 0$	
$x^2 - 17x + 72 = 0$	
$x^2 - 2x - 35 = 0$	

AUSMALEN

KOHL VERLAG Mathe-Training zur Wiederholung und Festigung / Klasse 9 – Bestell-Nr. 13 027

– LÖSUNG –

0,4 / 2	0,5 / –3	0,5 / 2,5	0,5 / 4	0,5 / –7	0,9 / 3,5
1 / 5	1 / 7	1 / 10	1,5 / 2,3	2 / 4,5	2,2 / 1
2,5 / 3	3 / 3	5 / –8	6 / –4	7 / –5	–7 / –7
8 / 9	9 / 2,1	10 / –8	–1 / –2	–2 / –3	–2 / –2,2
–2 / 2,6	–2 / –1	–2 / –2	–2 / –3,2	–2 / 4	–4 / 6

Gleichung	x_1 / x_2
$x^2 - 6x + 5 = 0$	1 / 5
$x^2 - 11x + 10 = 0$	1 / 10
$x^2 + 5x + 6 = 0$	–2 / –3
$x^2 + 14x + 49 = 0$	–7 / –7
$x^2 - 5{,}5x + 7{,}5 = 0$	2,5 / 3
$x^2 - 3x + 1{,}25 = 0$	0,5 / 2,5
$x^2 - 6x + 9 = 0$	3 / 3
$x^2 + 4x + 4 = 0$	–2 / –2

Gleichung	x_1 / x_2
$x^2 - 2x - 24 = 0$	6 / –4
$x^2 - 6{,}5x + 9 = 0$	2 / 4,5
$x^2 - 2x - 8 = 0$	–2 / 4
$x^2 + 3x - 40 = 0$	5 / –8
$x^2 + 6{,}5x - 3{,}5 = 0$	0,5 / –7
$x^2 - 2x - 80 = 0$	10 / –8
$x^2 - 17x + 72 = 0$	8 / 9
$x^2 - 2x - 35 = 0$	7 / –5

AUSMALEN

KOHL VERLAG Mathe-Training zur Wiederholung und Festigung / Klasse 9 – Bestell-Nr. 13 027

Gemischt quadratische Gleichungen

23*

Bestimme die beiden Lösungen x_1 und x_2 auf 2 Nachkommastellen genau und male nur die Felder mit den Ergebniszahlen mit einer Farbe aus.

0,5 / 4	0,75 / –0,8	0,8 / 1,5	0,85 / –1,2	0,92 / 1	0,97 / –1,64
1,25 / 2	1,75 / 2,5	0,5 / –4	1 / –0,5	1,5 / 2,3	1,8 / –3
2 / –0,5	2 / –0,75	**3 / –5**	3,41 / 0,38	4 / –7	5 / –7
6 / 1	8 / –4,5	15/–0,25	30 / –10	–2 / –4	–2,5 / 2
–3 / 3	–3 / 5	–3 / 6,3	–4 / –2	–4 / –4	–5 / 3,1

Gleichung	x_1 / x_2
$5x^2 - 75 = -10x$	**3 / –5**
$2x^2 = 3x + 2$	
$59x + 15 = 4x^2$	
$2{,}4x^2 - 9{,}1x + 3{,}1 = 0$	
$1{,}25x^2 + 0{,}84x - 2 = 0$	
$2x^2 + 4x = 70$	
$6x^2 + 26{,}25 - 25{,}5x = 0$	
$112 - 4x^2 = 12x$	

Gleichung	x_1 / x_2
$5x^2 + 0{,}5x = 6 - 5x^2$	
$2x^2 - 5x = 1 - 4x$	
$4x^2 = 8 - 14x$	
$14 + 0{,}25x^2 = 10 - 2x$	
$0{,}1x^2 - 2x = 30$	
$0{,}5x^2 + 3x + 4 = 0$	
$2x^2 - 2x = 6 + 3x - 2x^2$	
$9x^2 + 23 = 6x^2 + 50$	

AUSMALEN

– LÖSUNG –

0,5 / 4	0,75 / –0,8	0,8 / 1,5	0,85 / –1,2	0,92 / 1	0,97 / –1,64
1,25 / 2	1,75 / 2,5	0,5 / –4	1 / –0,5	1,5 / 2,3	1,8 / –3
2 / –0,5	2 / –0,75	3 / –5	3,41 / 0,38	4 / –7	5 / –7
6 / 1	8 / –4,5	15 / –0,25	30 / –10	–2 / –4	–2,5 / 2
–3 / 3	–3 / 5	–3 / 6,3	–4 / –2	–4 / –4	–5 / 3,1

Gleichung	x_1 / x_2
$5x^2 - 75 = -10x$	3 / –5
$2x^2 = 3x + 2$	2 / –0,5
$59x + 15 = 4x^2$	15 / –0,25
$2{,}4x^2 - 9{,}1x + 3{,}1 = 0$	3,41 / 0,38
$1{,}25x^2 + 0{,}84x - 2 = 0$	0,97 / –1,64
$2x^2 + 4x = 70$	5 / –7
$6x^2 + 26{,}25 - 25{,}5x = 0$	1,75 / 2,5
$112 - 4x^2 = 12x$	4 / –7

Gleichung	x_1 / x_2
$5x^2 + 0{,}5x = 6 - 5x^2$	0,75 / –0,8
$2x^2 - 5x = 1 - 4x$	1 / –0,5
$4x^2 = 8 - 14x$	0,5 / –4
$14 + 0{,}25x^2 = 10 - 2x$	–4 / –4
$0{,}1x^2 - 2x = 30$	30 / –10
$0{,}5x^2 + 3x + 4 = 0$	–2 / –4
$2x^2 - 2x = 6 + 3x - 2x^2$	2 / –0,75
$9x^2 + 23 = 6x^2 + 50$	–3 / 3

AUSMALEN

Gemischt quadratische Gleichungen

Bestimme die beiden Lösungen x_1 und x_2 auf 2 Nachkommastellen genau und male nur die Felder mit den Ergebniszahlen mit einer Farbe aus.

$0 / \frac{7}{3}$	$0 / \frac{3}{4}$	0 / 0,8	$\frac{1}{6} / -\frac{1}{6}$	$\frac{2}{9} / 3$	$\frac{1}{8} / -\frac{3}{7}$
$\frac{1}{16} / \frac{1}{16}$	$\frac{1}{4} / -\frac{3}{5}$	$\frac{3}{4} / \frac{2}{7}$	$\frac{3}{4} / \frac{5}{7}$	$\frac{1}{3} / \frac{3}{4}$	$\frac{2}{3} / \frac{7}{4}$
0,1 / –0,14	0,6 / –0,4	0,97 / –1,64	**$\frac{15}{7} / -\frac{13}{7}$**	2 / 36	3 / 3
3 / 4	3,1 / 3	3,25 / 1	3,4 / –5	3,5 / –2,5	4,15 / –5,85
8 / –8,5	5 / 5,2	5 / 5,9	$7 / \frac{2}{3}$	7,5 / 3,2	8 / 4

Gleichung	x_1 / x_2
$3(x - \frac{1}{7})^2 - 12 = 0$	$\frac{15}{7} / -\frac{13}{7}$
$256x^2 - 32x + 1 = 0$	
$\frac{2}{5}(x + 0{,}85)^2 - 10 = 0$	
$2x^2 + 5x = 5x^2 - 2x$	
$4(x + \frac{3}{7}) \cdot (x - \frac{1}{8}) = 0$	
$6x^2 - \frac{29}{2}x + 7 = 0$	
$1{,}25x^2 + 0{,}84x - 2 = 0$	
$\frac{5}{2}x^2 + \frac{7}{8}x - \frac{3}{8} = 0$	

Gleichung	x_1 / x_2
$13x^2 - 5x = 6 - 12x^2$	
$-12x + 32 = -x^2$	
$\frac{1}{3}(x - \frac{1}{2})^2 - 3 = 0$	
$x(2x + 2) = (x + 3)(2x - 2)$	
$25x^2 - (5x - 7{,}65) = 8 - 6x$	
$10x^2 - 70x + 120 = 0$	
$\frac{1}{3}x(38 - x) = 24$	
$x(2x - 5)(x + 3) = 121$	

– LÖSUNG –

$0 / \frac{7}{3}$	$0 / \frac{3}{4}$	0 / 0,8	$\frac{1}{6} / -\frac{1}{6}$	$\frac{2}{9} / 3$	$\frac{1}{8} / -\frac{3}{7}$
$\frac{1}{16} / \frac{1}{16}$	$\frac{1}{4} / -\frac{3}{5}$	$\frac{3}{4} / \frac{2}{7}$	$\frac{3}{4} / \frac{5}{7}$	$\frac{1}{3} / \frac{3}{4}$	$\frac{2}{3} / \frac{7}{4}$
0,1 / –0,14	0,6 / –0,4	0,97 / –1,64	$\frac{15}{7} / -\frac{13}{7}$	2 / 36	3 / 3
3 / 4	3,1 / 3	3,25 / 1	3,4 / –5	3,5 / –2,5	4,15 / –5,85
8 / –8,5	5 / 5,2	5 / 5,9	$7 / \frac{2}{3}$	7,5 / 3,2	8 / 4

Gleichung	x_1 / x_2
$3(x - \frac{1}{7})^2 - 12 = 0$	$\frac{15}{7} / -\frac{13}{7}$
$256x^2 - 32x + 1 = 0$	$\frac{1}{16} / \frac{1}{16}$
$\frac{2}{5}(x + 0{,}85)^2 - 10 = 0$	4,15 / –5,85
$2x^2 + 5x = 5x^2 - 2x$	$0 / \frac{7}{3}$
$4(x + \frac{3}{7}) \cdot (x - \frac{1}{8}) = 0$	$\frac{1}{8} / -\frac{3}{7}$
$6x^2 - \frac{29}{2}x + 7 = 0$	$\frac{2}{3} / \frac{7}{4}$
$1{,}25x^2 + 0{,}84x - 2 = 0$	0,97 / –1,64
$\frac{5}{2}x^2 + \frac{7}{8}x - \frac{3}{8} = 0$	$\frac{1}{4} / -\frac{3}{5}$

Gleichung	x_1 / x_2
$13x^2 - 5x = 6 - 12x^2$	0,6 / –0,4
$-12x + 32 = -x^2$	8 / 4
$\frac{1}{3}(x - \frac{1}{2})^2 - 3 = 0$	3,5 / –2,5
$x(2x + 2) = (x + 3)(2x - 2)$	3 / 3
$25x^2 - (5x - 7{,}65) = 8 - 6x$	0,1 / –0,14
$10x^2 - 70x + 120 = 0$	3 / 4
$\frac{1}{3}x(38 - x) = 24$	2 / 36
$(2x - 5)(x + 3) = 121$	8 / –8,5

AUSMALEN

KOHL VERLAG Mathe-Training zur Wiederholung und Festigung / Klasse 9 – Bestell-Nr. 13 027

Zusammengesetzte Zufallsexperimente

Ordne Texte, Fragen und Ergebnisse richtig zu und nummeriere entsprechend. Spaltenweise jeweils von 1 bis 7 gelesen ergibt sich aus den Buchstaben der Spalten der Lösungssatz.

	Text 1		Text 2		Frage		Ergebnis
1 L	Ein Glücksrad hat 7 gleichgroße Felder. Aber nur 2 davon sind Gewinnfelder.	D	Das Memo-Spiel besteht aus 13 Kartenpaaren.	E	Wie groß ist deine Gewinnchance beim Münzspiel?	O	Die Wahrscheinlichkeit für freie Fahrt beträgt 6,3 %.
2 E	Es werden gleichzeitig zwei Münzen geworfen.	Ö	Beide Ampeln zeigen je 1 Minute grün und 3 Minuten rot.	X	Wie groß ist die Wahrscheinlichkeit, bei zwei Würfen zwei Sechser zu werfen?	1	Die Wahrscheinlichkeit ist 1,6 %.
3 I	Hans und Hanna spielen ein Memo-Spiel.	1 Ü	Du darfst das Rad zweimal drehen.	W	Wie groß ist die Wahrscheinlichkeit, dass beide Kugeln die gleiche Farbe haben?	M	Deine Gewinnchance beträgt 25 %.
4 C	Ali und Anna würfeln um die Wette.	R	Du ziehst zweimal eine Karte, die du sofort wieder zurücklegst.	R	Wie groß ist die Wahrscheinlichkeit, dass Frau Müller ohne anzuhalten über beide Kreuzungen kommt?	1 I	Die Wahrscheinlichkeit für Gewinnfelder in beiden Drehungen ist 8 %.
5 H	Es liegen 5 schwarze und 5 weiße Kugeln verdeckt in einem Korb.	R	Du gewinnst, wenn beide Münzen mit der Zahl nach oben liegen.	1 M	Wie groß ist die Wahrscheinlichkeit, dass du bei beiden Drehungen ein Gewinnfeld triffst?	E	Die Wahrscheinlichkeit für zwei Sechser ist 2,8 %.
6 T	Ein Skat-Kartenspiel besteht aus 32 Karten. Es enthält 4 Asse.	I	Sieger ist, wer Sechser würfelt.	R	Wie groß ist die Wahrscheinlichkeit, gleich zu Anfang ein Kartenpaar zu finden?	R	Die Wahrscheinlichkeit beträgt 44,4 %.
7 F	Auf dem Weg zur Arbeit muss Frau Müller über 2 Ampelkreuzungen. Die Ampeln sind nicht gekoppelt.	E	Du darfst 2 Kugeln nacheinander aus dem Korb nehmen.	A	Wie groß ist die Wahrscheinlichkeit, dass es 2 Asse sind?	M	Die Wahrscheinlichkeit für ein Kartenpaar im ersten Zug ist 4 %.

L _ _ _ _ _ _ (1)(2)(3)(4)(5)(6) (7) Ü _ _ _ _ _ _ (1)(2) (3)(4)(5) (6)(7) M _ _ _ _ _ _ (1)(2)(3) (4) (5)(6)(7) I _ _ _ _ _ _ (1)(2)(3)(4)(5) (6)(7)

Lösungssatz: L E _ _ _ _ _   _ _ _ _   _ _ _ _   _ _ _ _ _ _ : _   _ _ _   _ _ _ _ _ _   _ _ .

TEXTAUFGABEN BILDEN

– LÖSUNG –

	Text 1		Text 2		Frage		Ergebnis
1 L	Ein Glücksrad hat 7 gleichgroße Felder. Aber nur 2 davon sind Gewinnfelder.	3 D	Das Memo-Spiel besteht aus 13 Kartenpaaren.	2 E	Wie groß ist deine Gewinnchance beim Münzspiel?	7 O	Die Wahrscheinlichkeit für freie Fahrt beträgt 6,3 %.
2 E	Es werden gleichzeitig zwei Münzen geworfen.	7 Ö	Beide Ampeln zeigen je 1 Minute grün und 3 Minuten rot.	4 X	Wie groß ist die Wahrscheinlichkeit, bei zwei Würfen zwei Sechser zu werfen?	6 1	Die Wahrscheinlichkeit ist 1,6 %.
3 I	Hans und Hanna spielen ein Memo-Spiel.	1 Ü	Du darfst das Rad zweimal drehen.	5 W	Wie groß ist die Wahrscheinlichkeit, dass beide Kugeln die gleiche Farbe haben?	2 M	Deine Gewinnchance beträgt 25 %.
4 C	Ali und Anna würfeln um die Wette.	6 R	Du ziehst zweimal eine Karte, die du sofort wieder zurücklegst.	7 R	Wie groß ist die Wahrscheinlichkeit, dass Frau Müller ohne anzuhalten über beide Kreuzungen kommt?	1 I	Die Wahrscheinlichkeit für die Gewinnfelder in beiden Drehungen ist 8 %.
5 H	Es liegen 5 schwarze und 5 weiße Kugeln verdeckt in einem Korb.	2 R	Du gewinnst, wenn beide Münzen mit der Zahl nach oben liegen.	1 M	Wie groß ist die Wahrscheinlichkeit, dass du bei beiden Drehungen ein Gewinnfeld triffst?	4 E	Die Wahrscheinlichkeit für zwei Sechser ist 2,8 %.
6 T	Ein Skat-Kartenspiel besteht aus 32 Karten. Es enthält 4 Asse.	4 I	Sieger ist, wer Sechser würfelt.	3 R	Wie groß ist die Wahrscheinlichkeit, gleich zu Anfang ein Kartenpaar zu finden?	5 R	Die Wahrscheinlichkeit beträgt 44,4 %.
7 F	Auf dem Weg zur Arbeit muss Frau Müller über 2 Ampelkreuzungen. Die Ampeln sind nicht gekoppelt.	5 E	Du darfst 2 Kugeln nacheinander aus dem Korb nehmen.	6 A	Wie groß ist die Wahrscheinlichkeit, dass es 2 Asse sind?	3 M	Die Wahrscheinlichkeit für ein Kartenpaar im ersten Zug ist 4 %.

L E I C H T F Ü R D I E R Ö M E R X W A R I M M E R 1 0
(1 2 3 4 5 6 7 — 1 2 — 3 4 5 — 6 7 — 1 2 3 — 4 — 5 6 7 — 1 2 3 4 5 — 6 7)

Lösungssatz:

LEICHT FÜR DIE RÖMER: X WAR IMMER 10.

TEXTAUFGABEN BILDEN

Zusammengesetzte Zufallsexperimente

Ordne Texte, Fragen und Ergebnisse richtig zu und nummeriere entsprechend. Spaltenweise jeweils von 1 bis 8 gelesen ergibt sich aus den Buchstaben der Spalten der Lösungssatz.

Text 1	Text 2	Text 3	Frage	Ergebnis
(1) (S) Ein Glücksrad hat 7 gleichgroße Felder.	( ) (F) Das Memo-Spiel besteht aus 13 Kartenpaaren.	( ) (T) Du kaufst 2 Lose.	( ) (U) Wie groß ist deine Gewinnchance beim Münzspiel?	( ) (P) Die Wahrscheinlichkeit ist 22,2 %.
(2) (O) Zum Münzspiel werden 3 Münzen benötigt.	( ) (E) Bei jedem Wurf werfen sie 2 Würfel gleichzeitig.	(1) (R) Du darfst das Glücksrad dreimal drehen.	( ) (L) Wie groß ist die Wahrscheinlichkeit, dass die beiden Karten Damen oder Könige sind?	( ) (T) Die Wahrscheinlichkeit beträgt 4 %.
(3) (L) Hans und Hanna spielen ein Memo-Spiel.	( ) (D) Die Ampeln sind nicht miteinander gekoppelt.	( ) (G) Du ziehst nacheinander 2 Karten, die du sofort wieder zurücklegst.	( ) (E) Wie groß ist die Wahrscheinlichkeit, dass du wenigstens ein Gewinnlos hast?	(1) (I) Die Wahrscheinlichkeit beträgt 86 %.
(4) (L) Ali und Anna würfeln um die Wette.	( ) (L) Die Münzen werden gleichzeitig geworfen.	( ) (R) Sofort nach Beginn haben Hanna zwei Paare und Hans ein Paar gefunden.	(1) (D) Wie groß ist die Wahrscheinlichkeit, dass du wenigstens einmal ein Gewinnfeld triffst?	( ) (U) Die Wahrscheinlichkeit ist 6,3 %.
(5) (I) In einem Korb liegen verdeckt 10 Kugeln.	( ) (O) Jedes Skatspiel enthält 4 Könige und 4 Damen.	( ) (K) Wenn alle Münzen nach dem Wurf Zahl zeigen, hast du gewonnen.	( ) (L) Wie groß ist die Wahrscheinlichkeit, dass Frau Maier an beiden Ampeln freie Fahrt hat?	( ) (N) Deine Gewinnchance beträgt 12,5 %.
(6) (C) Ein Skat-Kartenspiel besteht aus 32 Karten.	( ) (E) Von den 100 Losen sind 90 Nieten.	( ) (S) Beide Ampeln zeigen 90 Sekunden grün und 6 Minuten rot.	( ) (S) Wie groß ist die Wahrscheinlichkeit, wenigstens eine 6 zu würfeln?	( ) (T) Die Wahrscheinlichkeit auf wenigstens einen Gewinn beträgt 19,1 %.
(7) (H) Auf ihrem Weg zur Arbeit muss Frau Maier über 2 Ampelkreuzungen.	(1) (E) Nur 2 Felder des Glücksrades sind Gewinnfelder.	( ) (E) Du ziehst nacheinander 2 Kugeln.	( ) (E) Wie groß ist die Wahrscheinlichkeit, ein weiteres Kartenpaar zu finden?	( ) (A) Die Wahrscheinlichkeit beträgt 33 %.
(8) (H) Eine Lostrommel enthält 100 Lose.	( ) (N) 5 Kugeln sind schwarz und die anderen weiß.	( ) (I) Es gewinnt, wer wenigstens eine Sechs geworfen hat.	( ) (A) Wie groß ist die Wahrscheinlichkeit, dass beide Kugeln schwarz sind?	( ) (K) Die Wahrscheinlichkeit ist 5,3 %.

S _ _ _ _ _ _ _ (1 2 3 4 5 6 7 8)

E _ _ _ _ _ _ _ (1 2 3 4 5 6 7 8)

R _ _ _ _ _ _ _ (1 2 3 4 5 6 7 8)

D _ _ _ _ _ _ _ (1 2 3 4 5 6 7 8)

I _ _ _ _ _ _ _ (1 2 3 4 5 6 7 8)

TEXTAUFGABEN BILDEN

Lösungssatz:

S O _ _ _   _ _ _   _ _ _ _ _ _ _,   _ _ _ _   _ _ _ _ _ _ _ _

_ _   _ _   _ _ _ _ _ _   _ _ _ _ _ _ _?

– LÖSUNG –

Text 1	Text 2	Text 3	Frage	Ergebnis
(1) (S) Ein Glücksrad hat 7 gleichgroße Felder.	(3) (F) Das Memo-Spiel besteht aus 13 Kartenpaaren.	(8) (T) Du kaufst 2 Lose.	(2) (U) Wie groß ist deine Gewinnchance beim Münzspiel?	(5) (P) Die Wahrscheinlichkeit ist 22,2 %.
(2) (O) Zum Münzspiel werden 3 Münzen benötigt.	(4) (E) Bei jedem Wurf werfen sie 2 Würfel gleichzeitig.	(1) (R) Du darfst das Glücksrad dreimal drehen.	(6) (L) Wie groß ist die Wahrscheinlichkeit, dass die beiden Karten Damen oder Könige sind?	(7) (T) Die Wahrscheinlichkeit beträgt 4 %.
(3) (L) Hans und Hanna spielen ein Memo-Spiel.	(7) (D) Die Ampeln sind nicht miteinander gekoppelt.	(6) (G) Du ziehst nacheinander 2 Karten, die du sofort wieder zurücklegst.	(8) (E) Wie groß ist die Wahrscheinlichkeit, dass du wenigstens ein Gewinnlos hast?	(1) (I) Die Wahrscheinlichkeit beträgt 86 %.
(4) (L) Ali und Anna würfeln um die Wette.	(2) (L) Die Münzen werden gleichzeitig geworfen.	(3) (R) Sofort nach Beginn haben Hanna zwei Paare und Hans ein Paar gefunden.	(1) (D) Wie groß ist die Wahrscheinlichkeit, dass du wenigstens einmal ein Gewinnfeld triffst?	(6) (U) Die Wahrscheinlichkeit ist 6,3 %.
(5) (I) In einem Korb liegen verdeckt 10 Kugeln.	(6) (O) Jedes Skatspiel enthält 4 Könige und 4 Damen.	(2) (K) Wenn alle Münzen nach dem Wurf Zahl zeigen, hast du gewonnen.	(7) (L) Wie groß ist die Wahrscheinlichkeit, dass Frau Maier an beiden Ampeln freie Fahrt hat?	(2) (N) Deine Gewinnchance beträgt 12,5 %.
(6) (C) Ein Skat-Kartenspiel besteht aus 32 Karten.	(8) (E) Von den 100 Losen sind 90 Nieten.	(7) (S) Beide Ampeln zeigen 90 Sekunden grün und 6 Minuten rot.	(4) (S) Wie groß ist die Wahrscheinlichkeit, wenigstens eine 6 zu würfeln?	(8) (T) Die Wahrscheinlichkeit auf wenigstens einen Gewinn beträgt 19,1 %.
(7) (H) Auf ihrem Weg zur Arbeit muss Frau Maier über 2 Ampelkreuzungen.	(1) (E) Nur 2 Felder des Glücksrades sind Gewinnfelder.	(5) (E) Du ziehst nacheinander 2 Kugeln.	(3) (E) Wie groß ist die Wahrscheinlichkeit, ein weiteres Kartenpaar zu finden?	(4) (A) Die Wahrscheinlichkeit beträgt 33 %.
(8) (H) Eine Lostrommel enthält 100 Lose.	(5) (N) 5 Kugeln sind schwarz und die anderen weiß.	(4) (I) Es gewinnt, wer wenigstens eine Sechs geworfen hat.	(5) (A) Wie groß ist die Wahrscheinlichkeit, dass beide Kugeln schwarz sind?	(3) (K) Die Wahrscheinlichkeit ist 5,3 %.

S	O	L	L	I	C	H	H	E	L	F	E	N	O	D	E	R	K	R	I	E	G	S	T	D	U	E	S	A	L	L	E	I	N	K	A	P	U	T	T
1	2	3	4	5	6	7	8	1	2	3	4	5	6	7	8	1	2	3	4	5	6	7	8	1	2	3	4	5	6	7	8	1	2	3	4	5	6	7	8

Lösungssatz:

SOLL ICH HELFEN, ODER KRIEGST DU ES ALLEIN KAPUTT?

TEXTAUFGABEN BILDEN

Zusammengesetzte Zufallsexperimente

Ordne Texte, Fragen und Ergebnisse richtig zu und nummeriere entsprechend. Spaltenweise jeweils von 1 bis 8 gelesen ergibt sich aus den Buchstaben der Spalten der Lösungssatz.

	Text 1		Text 2		Text 3		Frage		Ergebnis
1 S	Drei ungleiche Glücksräder stehen nebeneinander.	O	Die Münzen werden gleichzeitig geworfen.	M	Du kaufst 2 Lose.	I	Wie groß ist die Wahrscheinlichkeit, wenigstens eine Sechs zu würfeln?	D	Die Wahrscheinlichkeit beträgt 9,5 %.
2 U	Zum Münzspiel werden 3 Münzen benötigt.	A	Es sind 5 weiße, 5 schwarze und 5 rote Kugeln.	1 E	Ein Glücksrad hat 2 Gewinn- und 5 Verlustfelder, das andere 3 Gewinn- und 9 Verlustfelder, das letzte 1 Gewinn- und 3 Verlustfelder.	R	Wie groß ist die Wahrscheinlichkeit, dass Hans an beiden Kreuzungen freie Fahrt hat?	E	Die Wahrscheinlichkeit beträgt 90,2 %.
3 C	Hans und Hanna spielen ein Memo-Spiel.	T	Die Ampeln sind unabhängig voneinander geschaltet.	H	Du ziehst aus dem Skatspiel 2 Karten, ohne sie zurückzulegen.	T	Wie groß ist deine Gewinnchance beim Münzspiel?	1 T	Das Rad mit 2 Gewinn- und 5 Verlustfeldern mit einer Gewinnchance von 28,6 %.
4 H	Ali und Anna würfeln um die Wette.	K	Es enthält 4 Asse.	R	Du hast gewonnen, wenn alle Münzen nach dem Wurf die gleiche Seite zeigen.	1 I	Welches Glücksrad hat die höchste Gewinnchance und wie hoch ist sie?	K	Die Wahrscheinlichkeit beträgt 50 %.
5 S	In einem Korb liegen verdeckt 15 Kugeln.	N	Das Memo-Spiel besteht aus 13 Kartenpaaren.	S	Die Erste zeigt 45 Sekunden grün und 135 Sekunden rot. Die Zweite zeigt 6 Minuten rot und 90 Sekunden grün.	S	Wie groß ist die Wahrscheinlichkeit, dass beide Nieten sind?	E	Deine Gewinnchance ist 25 %.
6 T	Ein Skat-Kartenspiel besteht aus 32 Karten.	V	Davon sind nur 10 Gewinnlose.	S	Wer ein Kartenpaar gefunden hat, darf sofort weiterspielen.	N	Wie groß ist die Wahrscheinlichkeit, dass beide Kugeln eine rote Farbe haben?	S	Die Wahrscheinlichkeit ist 5 %.
7 D	Auf dem Weg zur Schule muss Hans über 2 Ampelkreuzungen.	1 K	Sie haben unterschiedliche Anzahlen von Gewinn- und Verlustfeldern.	U	Ziel ist es, möglichst viele Sechsen zu würfeln.	E	Wie groß ist die Wahrscheinlichkeit, dass du 2 Asse gezogen hast?	C	Die Wahrscheinlichkeit beträgt 8,2 %.
8 U	Eine Lostrommel enthält 200 Lose.	T	Sie würfeln mit 3 Würfeln gleichzeitig.	C	Du darfst nacheinander 2 Kugeln ziehen.	E	Wie groß ist die Wahrscheinlichkeit, gleich zu Anfang 2 Kartenpaare nacheinander zu finden?	O	Die Wahrscheinlichkeit beträgt 1,2 %.

S _ _ _ _ _   _ _   K _ _ _ _ _ _   _   E _ _ _ _ _ _   _   I _   _ _ _ _ _   _   T _ _ _ _ _ _ _

1 2 3 4 5 6   7 8   1 2 3 4 5 6 7   8   1 2 3 4 5 6 7   8   1 2   3 4 5 6 7   8   1 2 3 4 5 6 7 8

Lösungssatz:

S U _ _ _ _ _   _ _ _   _ _ _ _ _ _ _ _ _ _ ?   _ _ _ _ _ _ _ _ _ _

_ _ _   _ _ _ _ _ _   _ _ _ _ _ _ _ _ _ _ _ _ _ _ .

TEXTAUFGABEN BILDEN

KOHL VERLAG Mathe-Training zur Wiederholung und Festigung / Klasse 9 – Bestell-Nr. 13 027

– LÖSUNG –

Text 1	Text 2	Text 3	Frage	Ergebnis
1 S Drei ungleiche Glücksräder stehen nebeneinander.	2 O Die Münzen werden gleichzeitig geworfen.	8 M Du kaufst 2 Lose.	4 I Wie groß ist die Wahrscheinlichkeit, wenigstens eine Sechs zu würfeln?	5 D Die Wahrscheinlichkeit beträgt 9,5 %.
2 U Zum Münzspiel werden 3 Münzen benötigt.	5 A Es sind 5 weiße, 5 schwarze und 5 rote Kugeln.	1 E Ein Glücksrad hat 2 Gewinn- und 5 Verlustfelder, das andere 3 Gewinn- und 9 Verlustfelder, das letzte 1 Gewinn- und 3 Verlustfelder.	7 R Wie groß ist die Wahrscheinlichkeit, dass Hans an beiden Kreuzungen freie Fahrt hat?	8 E Die Wahrscheinlichkeit beträgt 90,2 %.
3 C Hans und Hanna spielen ein Memo-Spiel.	7 T Die Ampeln sind unabhängig voneinander geschaltet.	6 H Du ziehst aus dem Skatspiel 2 Karten, ohne sie zurückzulegen.	2 T Wie groß ist deine Gewinnchance beim Münzspiel?	1 T Das Rad mit 2 Gewinn- und 5 Verlustfeldern mit einer Gewinnchance von 28,6 %.
4 H Ali und Anna würfeln um die Wette.	6 K Es enthält 4 Asse.	2 R Du hast gewonnen, wenn alle Münzen nach dem Wurf die gleiche Seite zeigen.	1 I Welches Glücksrad hat die höchste Gewinnchance und wie hoch ist sie?	4 K Die Wahrscheinlichkeit beträgt 50 %.
5 S In einem Korb liegen verdeckt 15 Kugeln.	3 N Das Memo-Spiel besteht aus 13 Kartenpaaren.	7 S Die Erste zeigt 45 Sekunden grün und 135 Sekunden rot. Die Zweite zeigt 6 Minuten rot und 90 Sekunden grün.	8 S Wie groß ist die Wahrscheinlichkeit, dass beide Nieten sind?	2 E Deine Gewinnchance ist 25 %.
6 T Ein Skat-Kartenspiel besteht aus 32 Karten.	8 V Davon sind nur 10 Gewinnlose.	3 S Wer ein Kartenpaar gefunden hat, darf sofort weiterspielen.	5 N Wie groß ist die Wahrscheinlichkeit, dass beide Kugeln eine rote Farbe haben?	7 S Die Wahrscheinlichkeit ist 5 %.
7 D Auf dem Weg zur Schule muss Hans über 2 Ampelkreuzungen.	1 K Sie haben unterschiedliche Anzahlen von Gewinn- und Verlustfeldern.	4 U Ziel ist es, möglichst viele Sechsen zu würfeln.	6 E Wie groß ist die Wahrscheinlichkeit, dass du 2 Asse gezogen hast?	3 C Die Wahrscheinlichkeit beträgt 8,2 %.
8 U Eine Lostrommel enthält 200 Lose.	4 T Sie würfeln mit 3 Würfeln gleichzeitig.	5 C Du darfst nacheinander 2 Kugeln ziehen.	3 E Wie groß ist die Wahrscheinlichkeit, gleich zu Anfang 2 Kartenpaare nacheinander zu finden?	6 O Die Wahrscheinlichkeit beträgt 1,2 %.

S U C H S T D U K O N T A K T V E R S U C H S M I T E I N E R S T E C K D O S E
(1)(2)(3)(4)(5)(6) (7)(8) (1)(2)(3)(4)(5)(6)(7) (8) (1)(2)(3)(4)(5)(6)(7) (8) (1)(2) (3)(4)(5)(6)(7) (8) (1)(2)(3)(4)(5)(6)(7)(8)

Lösungssatz:
SUCHST DU KONTAKT? VERSUCHS MIT EINER STECKDOSE.

TEXTAUFGABEN BILDEN

Satz des Pythagoras: Dreiecksseiten berechnen

Berechne Seite c in den rechtwinkligen Dreiecken und folge den Pfeilen mit den richtigen Lösungen. Trage im Lösungsspruch die Buchstaben entlang dieses Weges ein.

Start

a: 15 cm b: 20 cm c: ? cm **A**	25 cm →	a: 3 cm b: 4 cm c: ? cm **L**	5 cm →	a: 9 cm b: 12 cm c: ? cm **L**	← 2,8 cm	a: 1 cm b: 2,4 cm c: ? cm **N**
30 cm ↓		6 cm ↓	↙ 15 cm	17 cm ↓	↗ 26 cm	2,6 cm ↓
a: 2,5 cm b: 6 cm c: ? cm **R**	← 13 cm	a: 5 cm b: 12 cm c: ? cm **E**	← 27 cm	a: 10 cm b: 24 cm c: ? cm **A**	← 5,8 cm	a: 4 cm b: 7,5 cm c: ? cm **G**
6,5 cm ↓	↘ 6 cm	12 cm ↓	↗ 20 cm	28 cm ↓	↙ 8,5 cm	9 cm ↓
a: 6 cm b: 8 cm c: ? cm **A**	9 cm →	a: 12 cm b: 16 cm c: ? cm **F**	21 cm →	a: 1,5 cm b: 2 cm c: ? cm **I**	← 42 cm	a: 24 cm b: 32 cm c: ? cm **I**
10 cm ↓	↗ 17 cm	19 cm ↓	↙ 2,5 cm	25 cm ↓	↗ 5,2 cm	40 cm ↓
a: 8 cm b: 15 cm c: ? cm **N**	16 cm →	a: 0,3 cm b: 0,4 cm c: ? cm **S**	21 cm →	a: 2 cm b: 4,8 cm c: ? cm **E**	5 cm →	a: 20 cm b: 48 cm c: ? cm **C**
35 cm ↑	↙ 20 cm	22 cm ↓	↗ 39 cm	4 cm ↑	↙ 52 cm	50 cm ↓
a: 18 cm b: 24 cm c: ? cm **T**	30 cm →	a: 15 cm b: 36 cm c: ? cm **L**	3,9 cm →	a: 1,5 cm b: 3,6 cm c: ? cm **H**	3,9 cm →	Ziel **T**

Lösungssatz: A L _ _ _ _   _ _ _ _ _ _ _ _   _ _ _

_ _ _ _ _ _ _ _.

IRRGARTEN

KOHL VERLAG Mathe-Training zur Wiederholung und Festigung / Klasse 9 – Bestell-Nr. 13 027

– LÖSUNG –

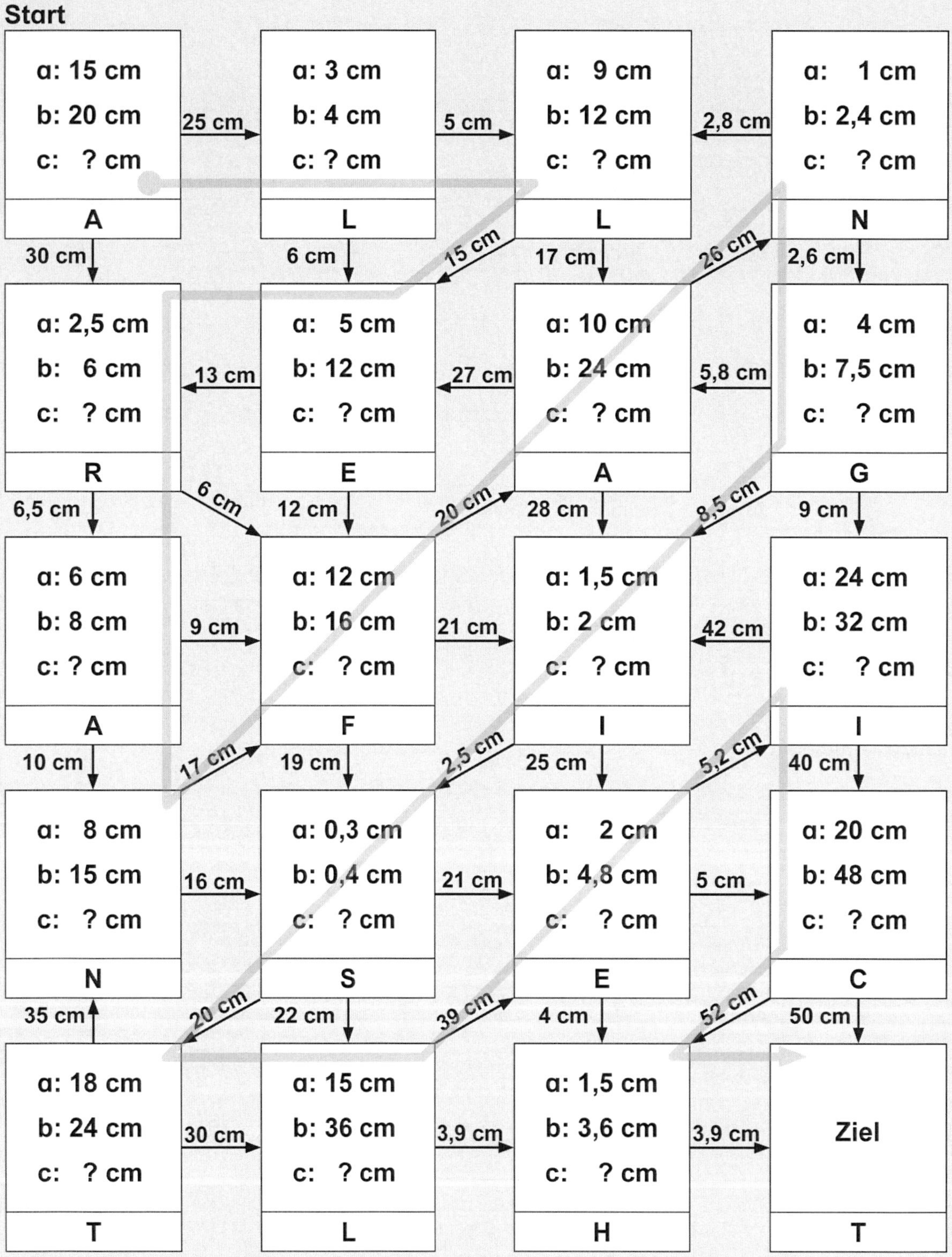

Lösungssatz: ALLER ANFANG IST LEICHT.

IRRGARTEN

KOHL VERLAG Mathe-Training zur Wiederholung und Festigung / Klasse 9 – Bestell-Nr. 13 027

Satz des Pythagoras: Dreiecksseiten berechnen

29*

Berechne Seite a, b oder c in rechtwinkligen Dreiecken. Runde wenn nötig auf eine Nachkommastelle. Folge den Pfeilen mit den richtigen Lösungen. Trage im Lösungsspruch die Buchstaben entlang dieses Weges ein.

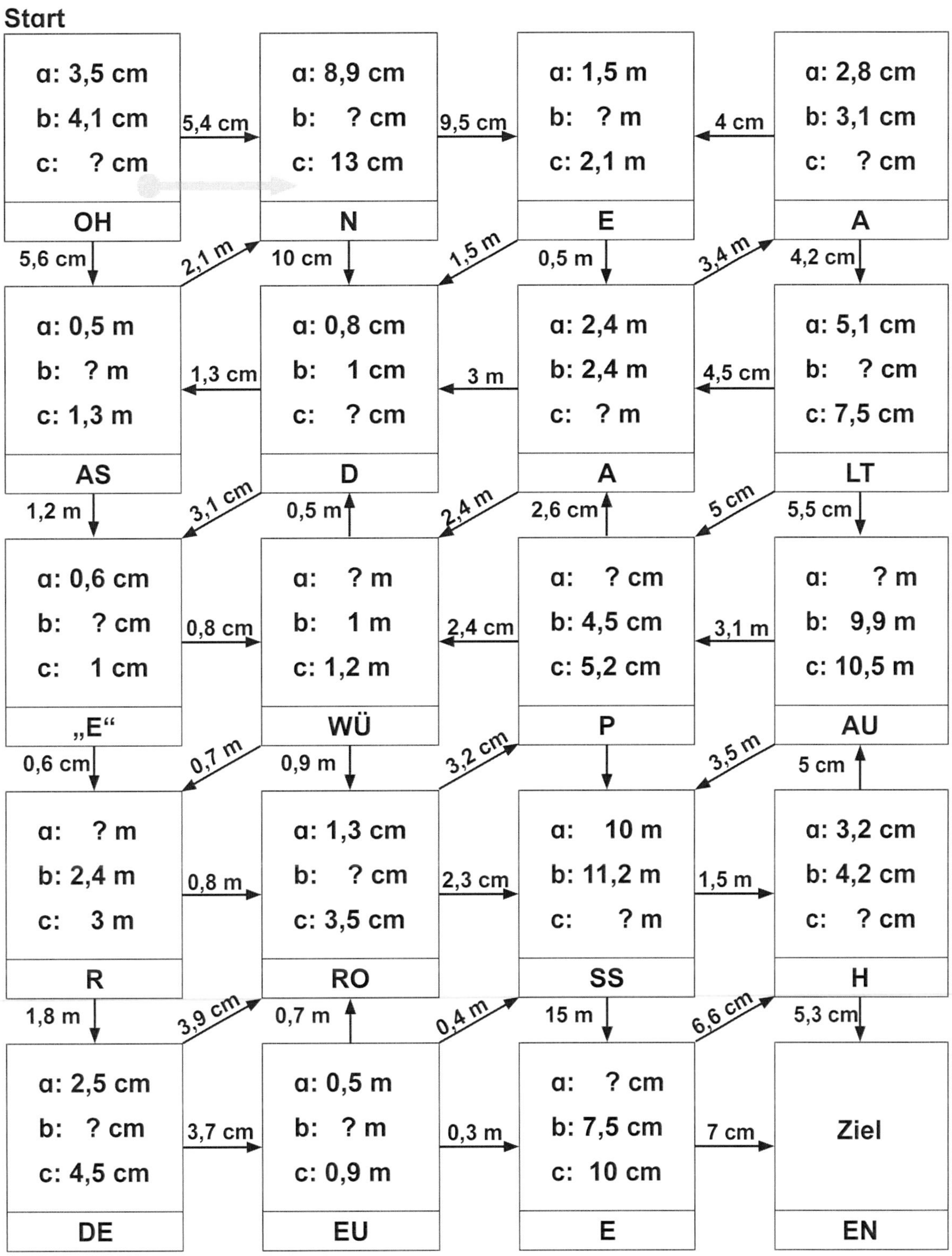

Lösungssatz: O H N _ ___ _ ______ ________ ____ ___________.

IRRGARTEN

KOHL VERLAG Mathe-Training zur Wiederholung und Festigung / Klasse 9 – Bestell-Nr. 13 027

– LÖSUNG –

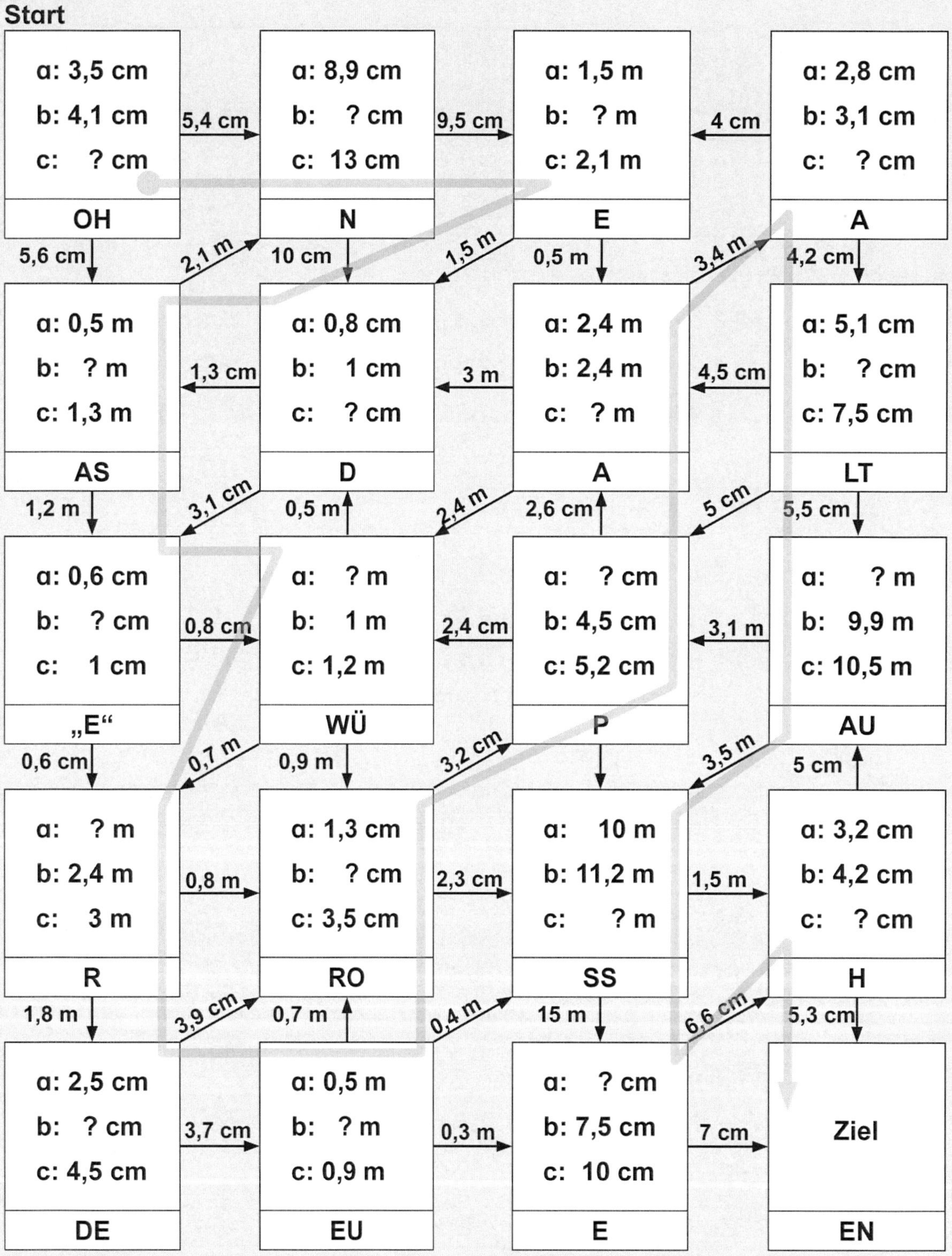

Lösungssatz: OHNE DAS „E“ WÜRDE EUROPA ALT AUSSEHEN.

IRRGARTEN

KOHL VERLAG Mathe-Training zur Wiederholung und Festigung / Klasse 9 – Bestell-Nr. 13 027

Satz des Pythagoras: Dreiecksseiten berechnen

30**

Prüfe, ob die gegebenen Maße (gerundet auf eine Nachkommastelle) zu den Seitenlängen rechtwinkliger Dreiecke passen: „Ja“ oder „Nein“. Folge den Pfeilen mit den richtigen Lösungen. Trage im Lösungsspruch die Buchstaben entlang dieses Weges ein.

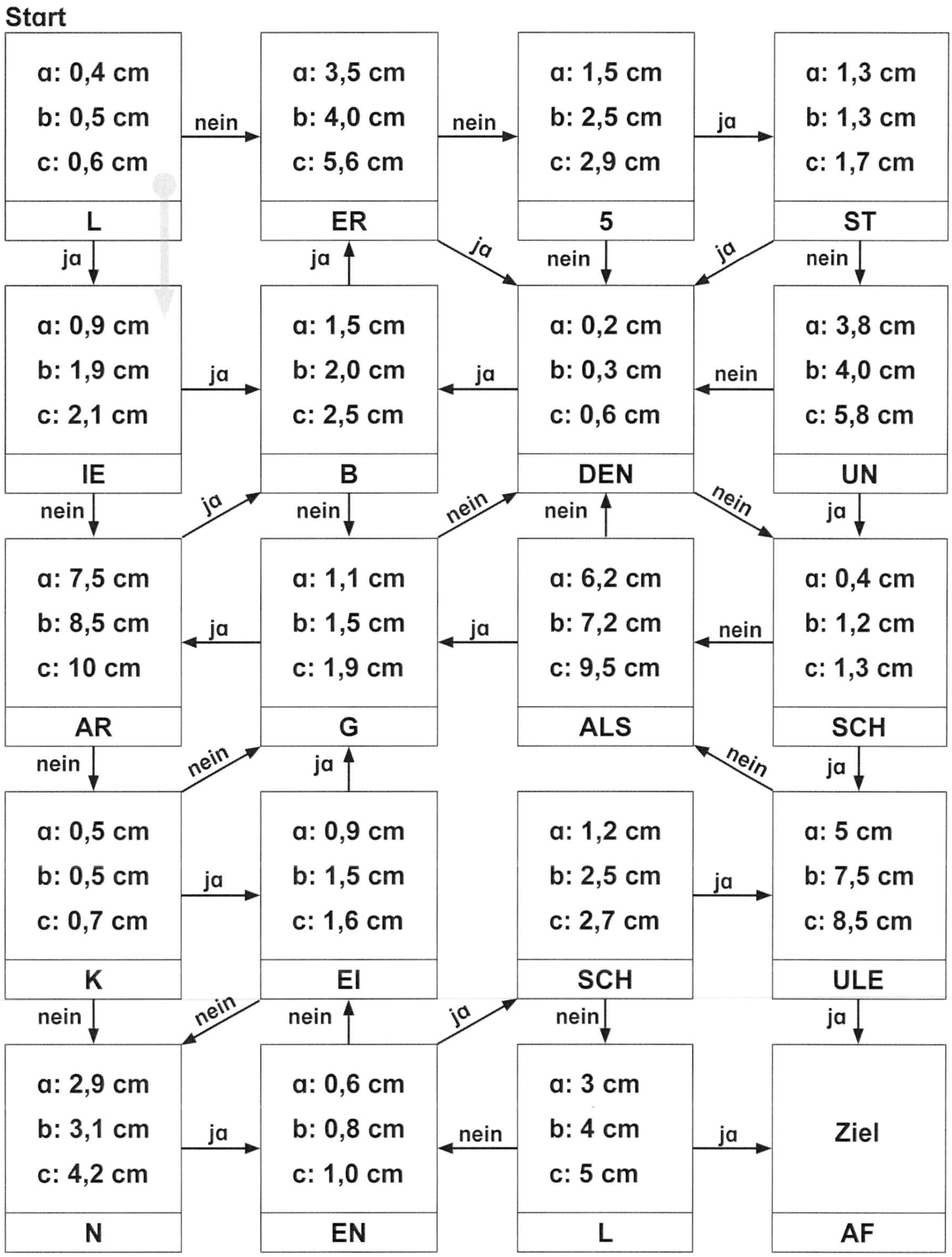

Lösungssatz: L I E _ _ _ _   _   _ _ _ _ _ _ _ _   _ _ _ _ _ _ _
_ _ _   _ _ _   _ _ _ _ _ _ _ _   _ _ _ _ _ _ _ _.

IRRGARTEN

KOHL VERLAG Mathe-Training zur Wiederholung und Festigung / Klasse 9 – Bestell-Nr. 13 027

– LÖSUNG –

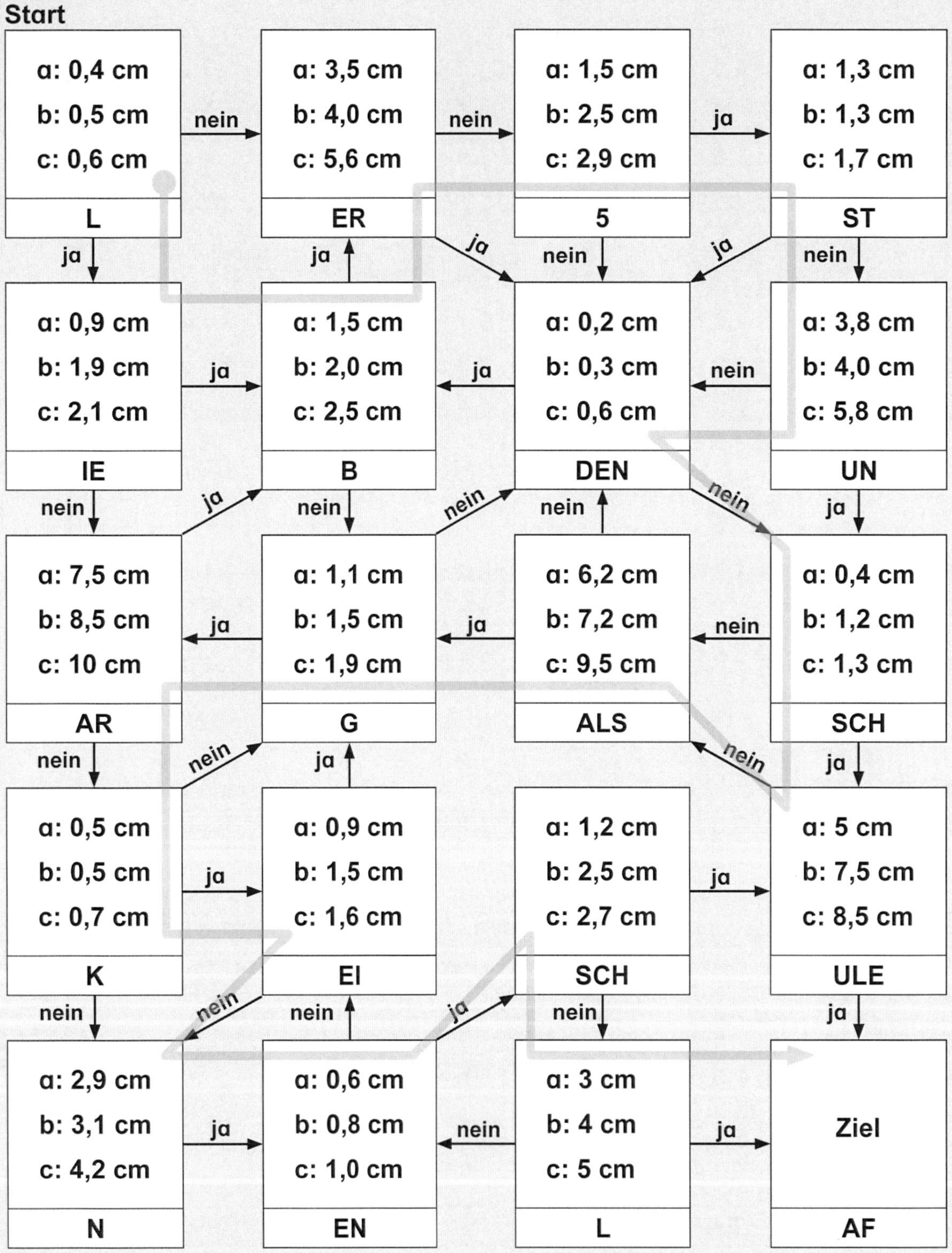

Lösungssatz: LIEBER 5 STUNDEN SCHULE ALS GAR KEINEN SCHLAF.

IRRGARTEN

KOHL VERLAG Mathe-Training zur Wiederholung und Festigung / Klasse 9 – Bestell-Nr. 13 027

Anwendungen zu Pythagoras

Ordne Texte, Fragen und Ergebnisse richtig zu und nummeriere entsprechend. Spaltenweise jeweils von 1 bis 8 gelesen ergibt sich aus den Buchstaben der Spalten der Lösungssatz.

Text 1		Text 2		Frage		Ergebnis
1 I  Der Bildschirm eines Fernsehers ist 58,2 cm breit.	H	Peter steht 60 m von Karin entfernt genau unter dem Drachen.	K	Wie tief sitzt die Kugel im Spalt?	L	9,41 m
2 N  Eine 7,50 m lange Leiter lehnt an einer Hauswand.	I	Die Kugel rollt in einen 6 cm breiten Spalt.	R	Wie lang wird der Zebrastreifen?	H	1,64 m
3 M 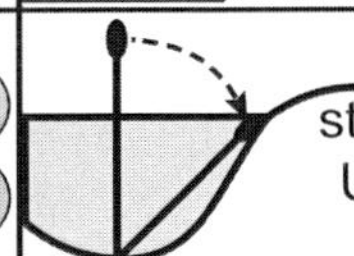 Ein Schilfrohr steht 3,15 m vom Ufer entfernt im Wasser.	1 W	Die Höhe des Bildschirms ist 32,7 cm.	E	Wie hoch steht der Drachen über dem Boden?	N	225,94 cm
4 A 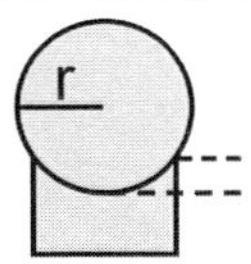 Eine Kugel hat einen Radius von 4 cm.	G	Eine runde Tischplatte soll durch die Türe hindurch.	R	In welcher Höhe berührt die Leiter die Mauer?	1 D	66,76 cm
5 T 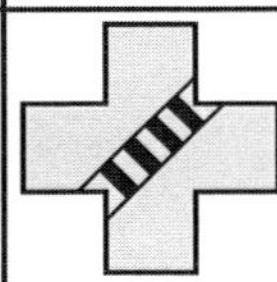 Ein diagonaler Zebrastreifen wird über eine Kreuzung gebaut.	R	Das Rohr steht 2,20 m tief im Wasser.	1 E	Wie lang ist die Diagonale des Fernsehers?	E	52,92 m
6 H 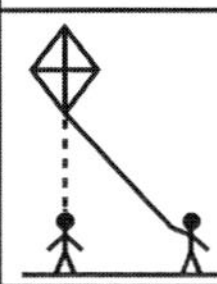 Karin hält einen Drachen an einer straffen, 80 m langen Schnur.	C	Die beiden Straßen sind 6,50 m und 6,80 m breit.	I	Welchen Durchmesser darf die Platte höchstens haben?	O	1,35 cm
7 E 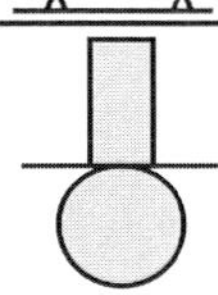 Eine Tür ist 95 cm breit und 205 cm hoch.	A	Der Abstand zur Mauer beträgt 2,50 m.	N	Wie weit ragt es über die Wasseroberfläche hinaus?	E	7,07 m

I_ _ _ _ _ _ W_ _ _ _ _ _ E_ _ _ _ _ _ D_ _ _ _ _ _.

(1)(2) (3)(4)(5)(6)(7) (1)(2)(3) (4)(5)(6) (7) (1)(2)(3) (4)(5)(6)(7) (1)(2) (3)(4)(5)(6)(7)

Lösungssatz: I N _.

TEXTAUFGABEN BILDEN

– LÖSUNG –

TEXTAUFGABEN BILDEN

Text 1		Text 2	Frage	Ergebnis
1 I	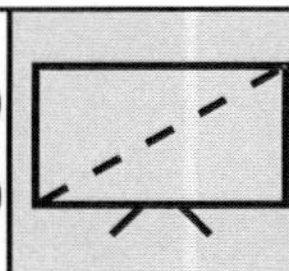 Der Bildschirm eines Fernsehers ist 58,2 cm breit.	6 H Peter steht 60 m von Karin entfernt genau unter dem Drachen.	4 K Wie tief sitzt die Kugel im Spalt?	5 L 9,41 m
2 N	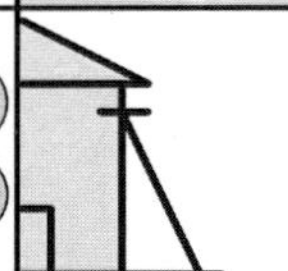 Eine 7,50 m lange Leiter lehnt an einer Hauswand.	4 I Die Kugel rollt in einen 6 cm breiten Spalt.	5 R Wie lang wird der Zebrastreifen?	3 H 1,64 m
3 M	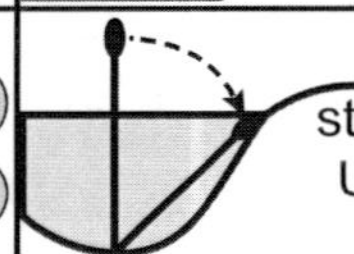 Ein Schilfrohr steht 3,15 m vom Ufer entfernt im Wasser.	1 W Die Höhe des Bildschirms ist 32,7 cm.	6 E Wie hoch steht der Drachen über dem Boden?	7 N 225,94 cm
4 A	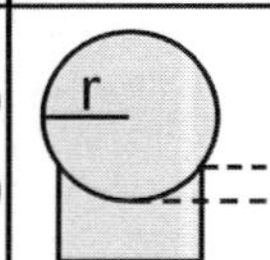 Eine Kugel hat einen Radius von 4 cm.	7 G Eine runde Tischplatte soll durch die Türe hindurch.	2 R In welcher Höhe berührt die Leiter die Mauer?	1 D 66,76 cm
5 T	 Ein diagonaler Zebrastreifen wird über eine Kreuzung gebaut.	3 R Das Rohr steht 2,20 m tief im Wasser.	1 E Wie lang ist die Diagonale des Fernsehers?	6 E 52,92 m
6 H	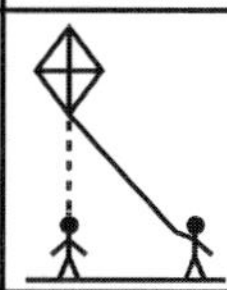 Karin hält einen Drachen an einer straffen, 80 m langen Schnur.	5 C Die beiden Straßen sind 6,50 m und 6,80 m breit.	7 I Welchen Durchmesser darf die Platte höchstens haben?	4 O 1,35 cm
7 E	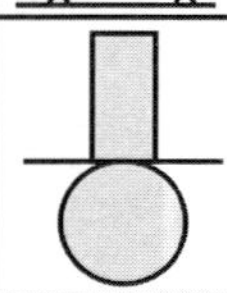 Eine Tür ist 95 cm breit und 205 cm hoch.	2 A Der Abstand zur Mauer beträgt 2,50 m.	3 N Wie weit ragt es über die Wasseroberfläche hinaus?	2 E 7,07 m

I N   M A T H E   W A R   I C H   G   E R N   K R E I   D E   H O L E N.
1 2   3 4 5 6 7   1 2 3   4 5 6   7   1 2 3   4 5 6 7   1 2   3 4 5 6 7

Lösungssatz:

IN MATHE WAR ICH GERN KREIDE HOLEN.

Anwendungen zu Pythagoras

32*

Ordne Texte, Fragen und Ergebnisse richtig zu und nummeriere entsprechend. Spaltenweise jeweils von 1 bis 8 gelesen ergibt sich aus den Buchstaben der Spalten der Lösungssatz.

Nr.		Text 1	Nr.		Text 2	Nr.		Text 3	Nr.		Frage	Nr.		Ergebnis
1	I	Ein Baum steht an einem Flussufer.		G	Die Diagonale des Fernsehers wird in Zoll angegeben.		H	Zum Wegstellen werden die Leiterholme zusammengeklappt.		N	Wie hoch ist das Haus vom Boden bis zum Giebel?		H	49 m
2	C	Eine 8,25 m lange Leiter lehnt an einer Hauswand.		R	Die Schnur beginnt in 1,55 m Höhe ab ihrer Hand.	1	I	Er ragt jetzt schräg über den 15,24 m breiten Fluss.		S	Wie hoch steht der Drachen über dem Boden?		O	65 cm
3	H	Die Füße einer Stehleiter stehen 1,55 m auseinander.		E	Das Auto ist 4,10 m lang und 1,85 m breit		V	Zieht man die Spitze ans Ufer, berührt sie gerade den Wasserspiegel.		A	Wie viele cm breit ist der TV-Bildschirm?	1	I	33,86 m
4	H	Ein Auto steht in einer 515 cm langen Parklücke		U	Vom Anlehnpunkt der Leiter bis zum Giebel sind es 1,15 m.		S	Die Diagonale ist 42 Zoll lang. (1 Zoll = 2,54 cm)	1	U	Wie hoch war der Baum vor dem Sturm?		N	23,94 km
5	A	Der Bildschirm eines Fernsehers hat eine Höhe von 53 cm.		N	Der Turm ist 45 m hoch.		O	Inge steht 63,20 m entfernt genau unter dem Drachen.		D	Wie viel Platz hat das Auto zum Ausparken?		W	4,81 m
6	B	Ein Schilfrohr steht 1,85 m vom Ufer eines Teichs entfernt.		T	Dabei ist die Leiterspitze 4,75 m über dem Boden.		T	Zum Ausparken soll das Auto diagonal aus der Parklücke fahren.		E	Wie weit kann man vom Leuchtturm aus sehen?		C	92,58 cm
7	E	Elke hält einen Drachen an einer 92,25 m straff gespannten Schnur.	1	E	Der Baum ist durch einen Sturm in 13,50 m Höhe umgeknickt.		C	Der Abstand zur Mauer beträgt 2,55 m.		S	Wie weit ragt die Spitze aus dem Wasser?		T	9,00 m
8	H	Ein Leuchtturm steht auf einer Insel.		A	Das Rohr ist 3,75 m lang.		R	Der Erdradius beträgt 6370 km.		D	Wie lang sind die Leiterholme?		E	68,75 m

I _ _   _ _ _ _   _   E _ _ _   _ _ _   _   I _ _ _ _   _ _ _   U _ _   _ _ _   _ _   I _   _ _ _ _ _ _ .

(1)(2)(3) (4)(5)(6)(7) (8)   (1)(2)(3)(4) (5)(6)(7) (8)   (1)(2)(3)(4)(5) (6)(7)(8)   (1)(2)(3) (4)(5)(6) (7)(8)   (1)(2) (3)(4)(5)(6)(7)(8)

Lösungssatz:

I C _ _   _ _ _ _ _   _ _ _ _ _ _ _   _ _ _ _   _ _ _ _ _ _ _ _

_ _ _   _ _ _ _   _ _ _ _   _ _ _ _ _   _ _ _ _ _ _ _ _ .

TEXTAUFGABEN BILDEN

KOHL VERLAG Mathe-Training zur Wiederholung und Festigung / Klasse 9 – Bestell-Nr. 13 027

– LÖSUNG –

Nr.	Text 1	Nr.	Text 2	Nr.	Text 3	Nr.	Frage	Nr.	Ergebnis
1 I	Ein Baum steht an einem Flussufer.	5 G	Die Diagonale des Fernsehers wird in Zoll angegeben.	3 H	Zum Wegstellen werden die Leiterholme zusammengeklappt.	2 N	Wie hoch ist das Haus vom Boden bis zum Giebel?	6 H	49 m
2 C	Eine 8,25 m lange Leiter lehnt an einer Hauswand.	7 R	Die Schnur beginnt in 1,55 m Höhe ab ihrer Hand.	1 I	Er ragt jetzt schräg über den 15,24 m breiten Fluss.	7 S	Wie hoch steht der Drachen über dem Boden?	4 O	65 cm
3 H	Die Füße einer Stehleiter stehen 1,55 m auseinander.	4 E	Das Auto ist 4,10 m lang und 1,85 m breit	6 V	Zieht man die Spitze ans Ufer, berührt sie gerade den Wasserspiegel.	5 A	Wie viele cm breit ist der TV-Bildschirm?	1 I	33,86 m
4 H	Ein Auto steht in einer 515 cm langen Parklücke	2 U	Vom Anlehnpunkt der Leiter bis zum Giebel sind es 1,15 m.	5 S	Die Diagonale ist 42 Zoll lang. (1 Zoll = 2,54 cm)	1 U	Wie hoch war der Baum vor dem Sturm?	8 N	23,94 km
5 A	Der Bildschirm eines Fernsehers hat eine Höhe von 53 cm.	8 N	Der Turm ist 45 m hoch.	7 O	Inge steht 63,20 m entfernt genau unter dem Drachen.	4 D	Wie viel Platz hat das Auto zum Ausparken?	3 W	4,81 m
6 B	Ein Schilfrohr steht 1,85 m vom Ufer eines Teichs entfernt.	3 T	Dabei ist die Leiterspitze 4,75 m über dem Boden.	4 T	Zum Ausparken soll das Auto diagonal aus der Parklücke fahren.	8 E	Wie weit kann man vom Leuchtturm aus sehen?	5 C	92,58 cm
7 E	Elke hält einen Drachen an einer 92,25 m straff gespannten Schnur.	1 E	Der Baum ist durch einen Sturm in 13,50 m Höhe umgeknickt.	2 C	Der Abstand zur Mauer beträgt 2,55 m.	6 S	Wie weit ragt die Spitze aus dem Wasser?	2 T	9,00 m
8 H	Ein Leuchtturm steht auf einer Insel.	6 A	Das Rohr ist 3,75 m lang.	8 R	Der Erdradius beträgt 6370 km.	3 D	Wie lang sind die Leiterholme?	7 E	68,75 m

ICH (1 2 3) HABE (4 5 6 7) H (8) EUTE (1 2 3 4) GAR (5 6 7) N (8) ICHTS (1 2 3 4 5) VOR (6 7 8) UND (1 2 3) DAS (4 5 6) SE (7 8) IT (1 2) WOCHEN (3 4 5 6 7 8)

TEXTAUFGABEN BILDEN

Lösungssatz:

ICH HABE HEUTE GAR NICHTS VOR UND DAS SEIT WOCHEN.

Anwendungen zu Pythagoras

Ordne Texte, Fragen und Ergebnisse richtig zu und nummeriere entsprechend. Spaltenweise jeweils von 1 bis 8 gelesen ergibt sich aus den Buchstaben der Spalten der Lösungssatz.

Nr.	Text 1	Nr.	Text 2	Nr.	Text 3	Nr.	Frage	Nr.	Ergebnis
1 K	Ein Auto steht in einer Parklücke zwischen 2 Autos.	N	Das Schilfrohr ragt 22 cm aus dem Wasser heraus.	I	Keine Strecke soll doppelt eingezäunt werden.	E	Wie viel cm^2 Alu-leiste wurde verbraucht?	E	25,95 km
2 Ö	Ein Schilfrohr steht 1,20 m vom Ufer eines Teichs entfernt.	S	Ein Mast ist 29,60 m, der andere ist 38,20 m hoch.	1 I	Der Abstand zum vorderen und hinteren Auto ist je 30 cm.	C	Wie tief ist der Teich?	M	1,03 m
3 N	Auf einer Wiese stehen 2 Masten im Abstand von 35,35 m.	N	Der Fernseher hat eine Diagonale von 107 cm.	T	Die Leiter soll 25 cm höher bis zum Fenster reichen.	S	Wie viel größer als die quadratische Fläche ist die Kreisfläche?	1 D	27 cm
4 N	Eine 6,48 m lange Leiter lehnt an einer Hauswand.	N	In den Kreis soll ein Quadrat gezeichnet werden.	E	Der Erdradius beträgt 6370 km.	1 A	Wie viel cm Platz bleibt zum Herausfahren aus der Lücke?	M	9,43 m
5 T	Ein 180,50 m hoher Aussichtsturm steht auf einem Bergrücken.	E	Sie soll durch 2 diagonale Zäune in 4 Teile eingeteilt werden.	F	Den Bildschirm umgibt rundum ein 2 cm breiter Alu-Rahmen.	E	Wie weit kann man von dem Turm aus blicken?	S	102,86 km
6 E	Eine Ranch in Texas hat eine quadratische Fläche von 14,44 km^2	C	Das Leiterende liegt in 6,15 m Höhe.	N	Die 4 Ecken sollen den Kreisrand berühren.	H	Wie weit ist der Brunnen vom höheren Mast entfernt?	N	599,80 cm^2
7 N	Ein Kreis hat einen Radius von 6,4 cm.	1 E	Das Auto ist 4,80 m lang und 1,80 m breit.	C	Zieht man die Spitze ans Ufer, berührt sie gerade den Wasserspiegel.	I	Wie lange ist der Zaun, der alle Teile einfach umgibt?	U	3,16 m
8 M	Der Bildschirm eines TV-Gerätes hat eine Höhe von 53 cm.	H	Der Berg ist 650 m hoch.	H	Von den Mastspitzen gleich weit entfernt steht ein Brunnen.	L	Wie viel näher als vorher muss sie an der Hauswand stehen?	I	46,76 cm^2

K _ _ _ _ _ _ _   E _ _ _ _ _ _ _   I _ _ _ _ _ _ _   U _ _ _ _ _ _ _   I _ _ _ _ _ _ _ ?

(1)(2)(3)(4)(5)(6)(7) (8)   (1)(2)(3)(4)(5)(6)(7) (8)   (1)(2)(3)(4) (5)(6)(7)(8)   (1)(2)(3) (4)(5)(6)(7)(8)   (1)(2)(3)(4) (5)(6)(7)(8)

TEXTAUFGABEN BILDEN

Lösungssatz:

K Ö _ _ _ _ _ _   _ _ _ _ _ _ _ _   _ _ _ _ _ _   _ _ _ _ _ _ _

_ _ _ _ _ _   _ _ _ _ _   _ _ _ _ _ ?

Anwendungen zu Pythagoras

– LÖSUNG –

TEXTAUFGABEN BILDEN

Nr.	Text 1	Nr.	Text 2	Nr.	Text 3	Nr.	Frage	Nr.	Ergebnis
1 K	Ein Auto steht in einer Parklücke zwischen 2 Autos.	2 N	Das Schilfrohr ragt 22 cm aus dem Wasser heraus.	6 I	Keine Strecke soll doppelt eingezäunt werden.	8 E	Wie viel cm^2 Aluleiste wurde verbraucht?	6 E	25,95 km
2 Ö	Ein Schilfrohr steht 1,20 m vom Ufer eines Teichs entfernt.	3 S	Ein Mast ist 29,60 m, der andere ist 38,20 m hoch.	1 I	Der Abstand zum vorderen und hinteren Auto ist je 30 cm.	2 C	Wie tief ist der Teich?	4 M	1,03 m
3 N	Auf einer Wiese stehen 2 Masten im Abstand von 35,35 m.	8 N	Der Fernseher hat eine Diagonale von 107 cm.	4 T	Die Leiter soll 25 cm höher bis zum Fenster reichen.	7 S	Wie viel größer als die quadratische Fläche ist die Kreisfläche?	1 D	27 cm
4 N	Eine 6,48 m lange Leiter lehnt an einer Hauswand.	7 N	In den Kreis soll ein Quadrat gezeichnet werden.	5 E	Der Erdradius beträgt 6370 km.	1 A	Wie viel cm Platz bleibt zum Herausfahren aus der Lücke?	3 M	9,43 m
5 T	Ein 180,50 m hoher Aussichtsturm steht auf einem Bergrücken.	6 E	Sie soll durch 2 diagonale Zäune in 4 Teile eingeteilt werden.	8 F	Den Bildschirm umgibt rundum ein 2 cm breiter Alu-Rahmen.	5 E	Wie weit kann man von dem Turm aus blicken?	5 S	102,87 km
6 E	Eine Ranch in Texas hat eine quadratische Fläche von 14,44 km^2	4 C	Das Leiterende liegt in 6,15 m Höhe.	7 N	Die 4 Ecken sollen den Kreisrand berühren.	3 H	Wie weit ist der Brunnen vom höheren Mast entfernt?	8 N	599,80 cm^2
7 N	Ein Kreis hat einen Radius von 6,4 cm.	1 E	Das Auto ist 4,80 m lang und 1,80 m breit.	2 C	Zieht man die Spitze ans Ufer, berührt sie gerade den Wasserspiegel.	6 I	Wie lang ist der Zaun, der alle Teile einfach umgibt?	2 U	3,16 m
8 M	Der Bildschirm eines TV-Gerätes hat eine Höhe von 53 cm.	5 H	Der Berg ist 650 m hoch.	3 H	Von den Mastspitzen gleich weit entfernt steht ein Brunnen.	4 L	Wie viel näher als vorher muss sie an der Hauswand stehen?	7 I	46,76 cm^2

KÖNNTEN MENSCHEN NICHT EINFACH LEISE DUMM SEIN?

K Ö N N T E N (1 2 3 4 5 6 7) M (8) E N S C H E N (1 2 3 4 5 6 7 8) I C H T (1 2 3 4) E I N F (5 6 7 8) A C H (1 2 3) L E I S E (4 5 6 7 8) D U M M (1 2 3 4) S E I N (5 6 7 8)?

Lösungssatz:

KÖNNTEN MENSCHEN NICHT EINFACH LEISE DUMM SEIN?

Kreis – Umfang (u) und Flächeninhalt (A) berechnen

Berechne die fehlenden Größen. Runde zuerst das Ergebnis auf die 2. Kommastelle. Male nur die Felder mit richtigen Ergebnissen mit einer Farbe aus – Abweichungen durch Runden möglich!

2,52	3,34	4,89	6,53	8,75	8,82
12,41	12,55	14,03	15,83	17,72	20,99
29,53	30,72	30,95	31,11	32,67	44,61
58,43	**69,40**	84,95	95,55	108,22	111,34
133,96	158,37	240,53	244,39	271,72	483,83

Aufgabe	Ergebnis	
r = 4,7 cm	A (cm^2)	u (cm)
	69,40	
u = 41 cm	r (cm)	A (cm^2)
A = 35 cm^2	r (cm)	u (cm)
r = 5,2 cm	A (cm^2)	u (cm)
u = 78 cm	r (cm)	A (cm^2)
A = 20 cm^2	r (cm)	u (cm)

Aufgabe	Ergebnis	
r = 7,1 cm	A (cm^2)	u (cm)
u = 55 cm	r (cm)	A (cm^2)
A = 75 cm^2	r (cm)	u (cm)
r = 9,3 cm	A (cm^2)	u (cm)
u = 55,4 cm	r (cm)	A (cm^2)
A = 986 cm^2	r (cm)	u (cm)

AUSMALEN

KOHL VERLAG Mathe-Training zur Wiederholung und Festigung / Klasse 9 – Bestell-Nr. 13 027

– *LÖSUNG* –

2,52	3,34	4,89	6,53	8,75	8,82
12,41	12,55	14,03	15,83	17,72	20,99
29,53	30,72	30,95	31,11	32,67	44,61
58,43	69,40	84,95	95,55	108,22	111,34
133,96	158,37	240,53	244,39	271,72	483,83

Aufgabe	Ergebnis	
r = 4,7 cm	A (cm^2)	u (cm)
	69,40	29,53
u = 41 cm	r (cm)	A (cm^2)
	6,53	133,96
A = 35 cm^2	r (cm)	u (cm)
	3,34	20,99
r = 5,2 cm	A (cm^2)	u (cm)
	84,95	32,67
u = 78 cm	r (cm)	A (cm^2)
	12,41	483,83
A = 20 cm^2	r (cm)	u (cm)
	2,52	15,83

Aufgabe	Ergebnis	
r = 7,1 cm	A (cm^2)	u (cm)
	158,37	44,61
u = 55 cm	r (cm)	A (cm^2)
	8,75	240,53
A = 75 cm^2	r (cm)	u (cm)
	4,89	30,72
r = 9,3 cm	A (cm^2)	u (cm)
	271,72	58,43
u = 55,4 cm	r (cm)	A (cm^2)
	8,82	244,39
A = 986 cm^2	r (cm)	u (cm)
	17,72	111,34

AUSMALEN

Kreis – Umfang (u) und Flächeninhalt (A) berechnen

Berechne die fehlenden Größen. Runde zuerst das Ergebnis auf die 2. Kommastelle. Male nur die Felder mit richtigen Ergebnissen mit einer Farbe aus – Abweichungen durch Runden möglich! Tipp: Nicht nur Kreisbögen zählen zum Umfang!

12,57	12,88	13,01	18,85	20,03	21,60
22,28	25,13	29,45	30,85	31,42	34,27
34,42	34,56	35,34	37,70	38,56	38,86
39,42	43,70	43,98	51,42	62,83	70,69
76,97	77,15	77,22	78,41	78,52	**78,54**

Aufgabe (Maßangaben in cm)	**Ergebnis** A (cm^2) u (cm)
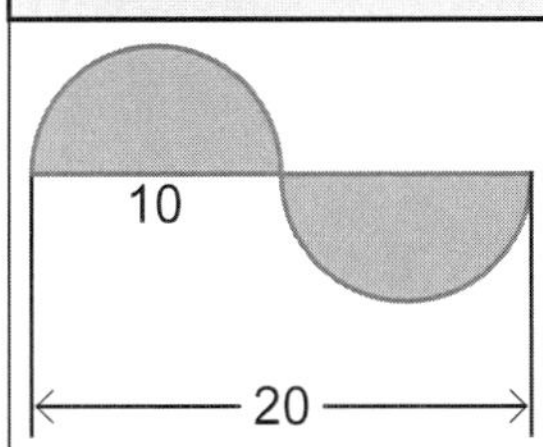	A = **78,54**
	u =
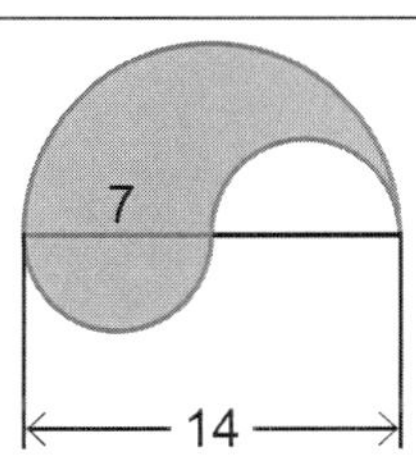	A =
	u =
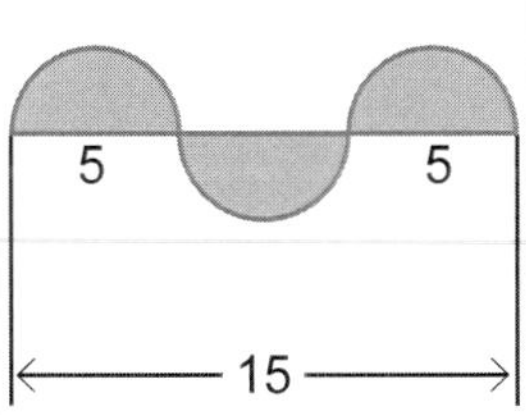	A =
	u =
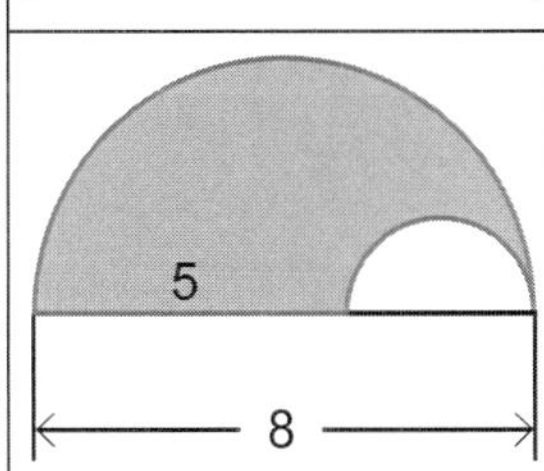	A =
	u =
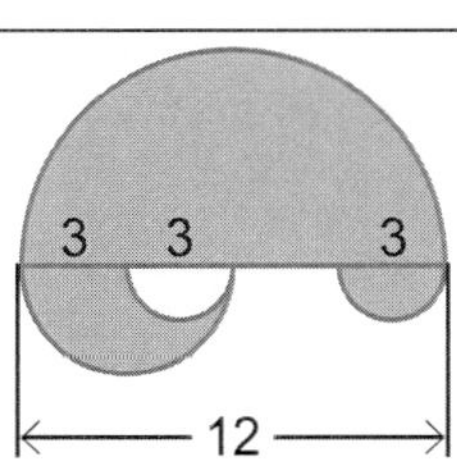	A =
	u =

Aufgabe (Maßangaben in cm)	**Ergebnis** A (cm^2) u (cm)
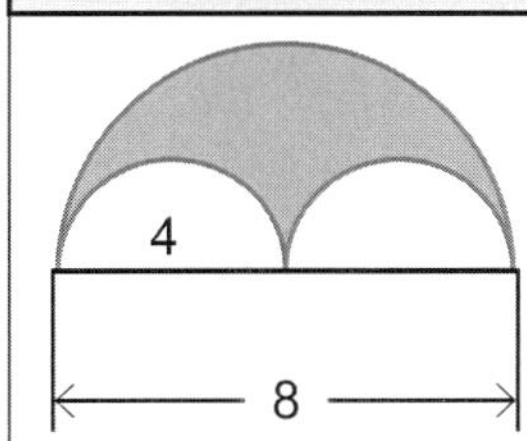	A =
	u =
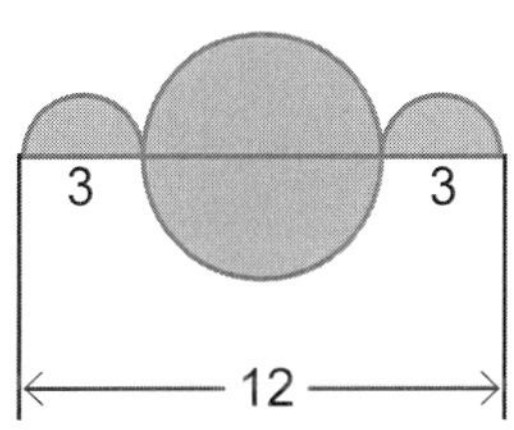	A =
	u =
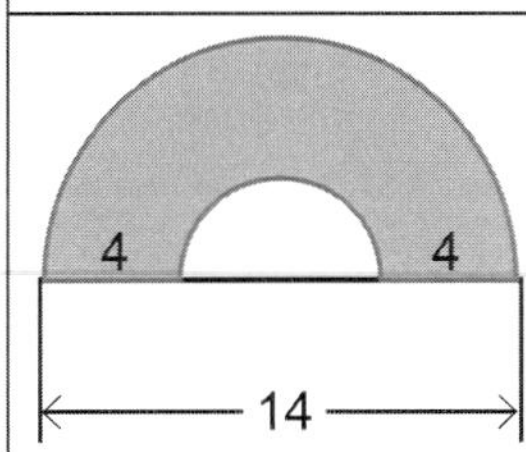	A =
	u =
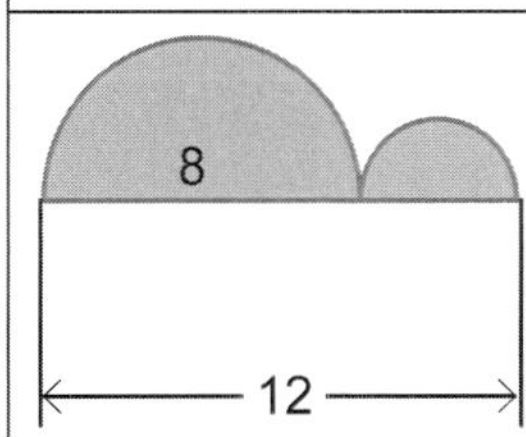	A =
	u =
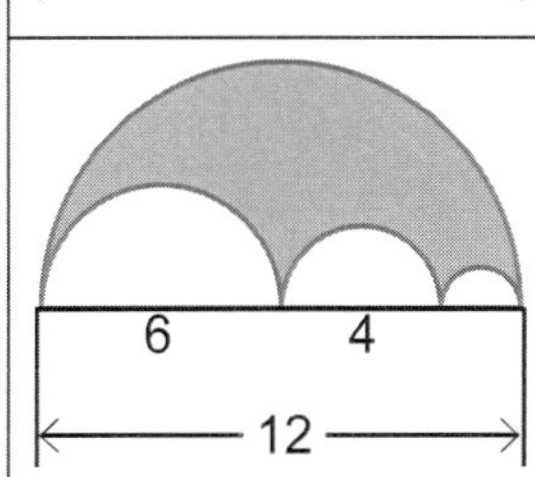	A =
	u =

AUSMALEN

Kreis – Umfang (u) und Flächeninhalt (A) berechnen

– LÖSUNG –

12,57	12,88	13,01	18,85	20,03	21,60
22,28	25,13	29,45	30,85	31,42	34,27
34,42	34,56	35,34	37,70	38,56	38,86
39,42	43,70	43,98	51,42	62,83	70,69
76,97	77,15	77,22	78,41	78,52	78,54

<table>
<tr><th>Aufgabe
(Maßangaben in cm)</th><th>Ergebnis
A (cm²)
u (cm)</th></tr>
<tr><td rowspan="2">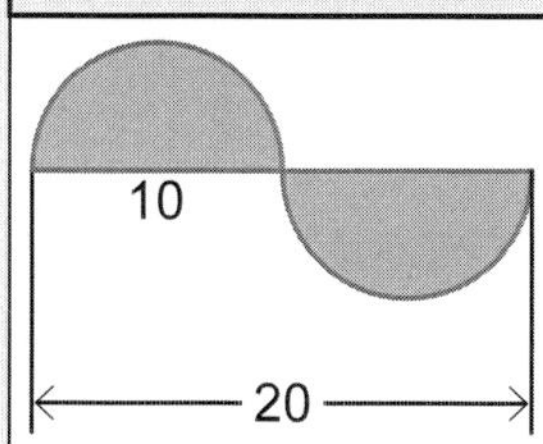
</td><td>A = 78,54</td></tr>
<tr><td>u = 51,42</td></tr>
<tr><td rowspan="2">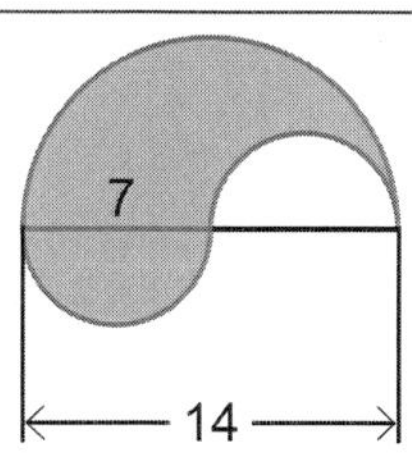
</td><td>A = 76,97</td></tr>
<tr><td>u = 43,98</td></tr>
<tr><td rowspan="2">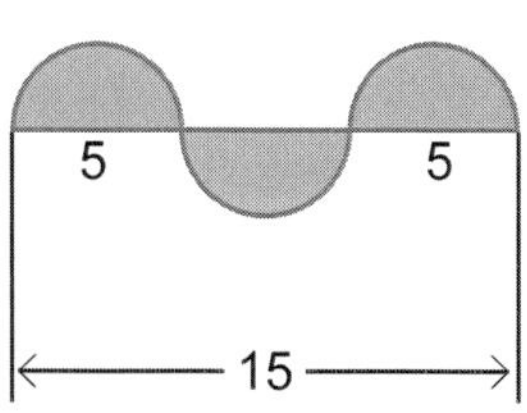
</td><td>A = 29,45</td></tr>
<tr><td>u = 38,56</td></tr>
<tr><td rowspan="2">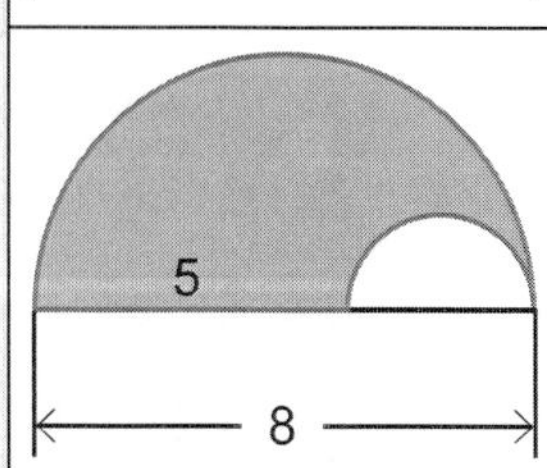
</td><td>A = 21,60</td></tr>
<tr><td>u = 22,28</td></tr>
<tr><td rowspan="2">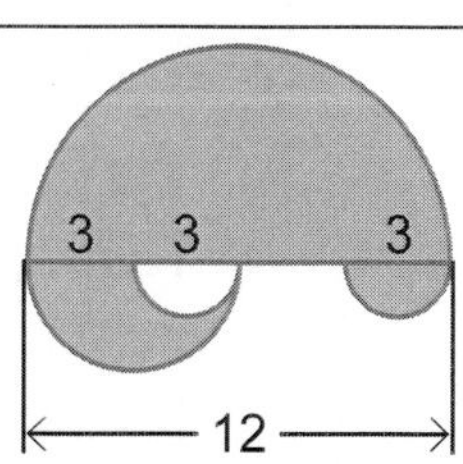
</td><td>A = 70,69</td></tr>
<tr><td>u = 43,70</td></tr>
</table>

<table>
<tr><th>Aufgabe
(Maßangaben in cm)</th><th>Ergebnis
A (cm²)
u (cm)</th></tr>
<tr><td rowspan="2">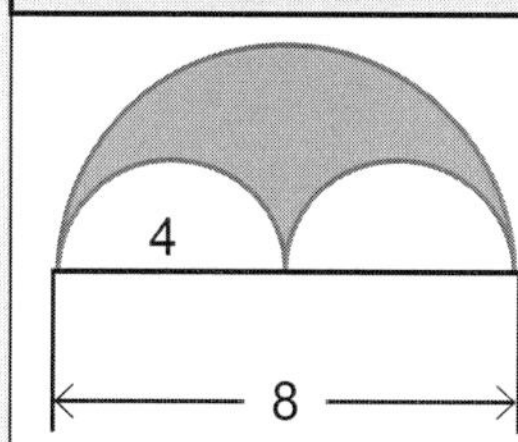
</td><td>A = 12,57</td></tr>
<tr><td>u = 25,13</td></tr>
<tr><td rowspan="2">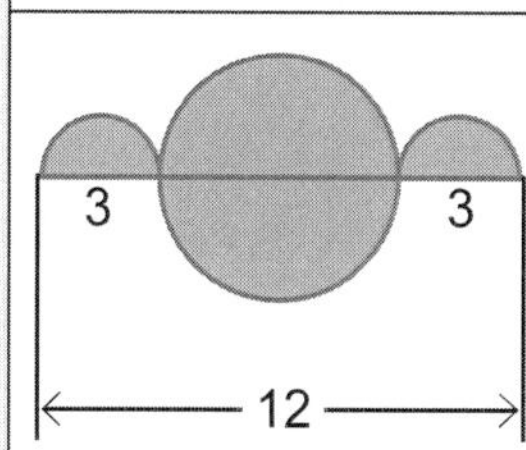
</td><td>A = 35,34</td></tr>
<tr><td>u = 34,27</td></tr>
<tr><td rowspan="2">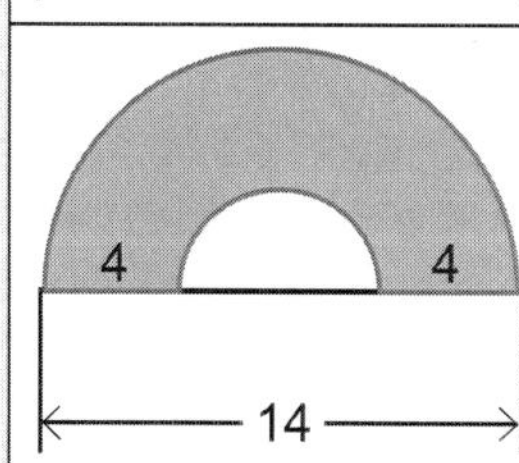
</td><td>A = 62,83</td></tr>
<tr><td>u = 39,42</td></tr>
<tr><td rowspan="2">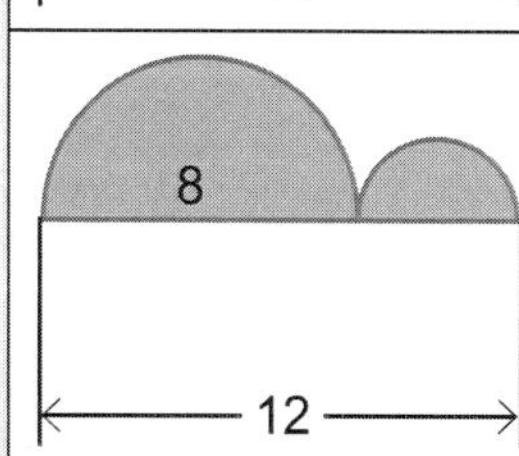
</td><td>A = 31,42</td></tr>
<tr><td>u = 30,85</td></tr>
<tr><td rowspan="2">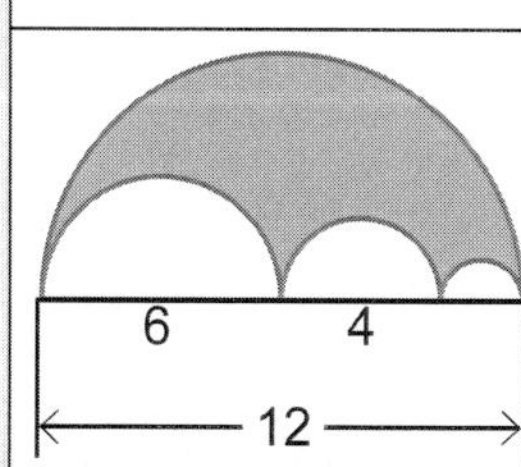
</td><td>A = 34,56</td></tr>
<tr><td>u = 37,70</td></tr>
</table>

AUSMALEN

Kreis – Umfang (u) und Flächeninhalt (A) berechnen

Berechne die fehlenden Größen. Runde zuerst das Ergebnis auf die 2. Kommastelle. Male nur die Felder mit richtigen Ergebnissen mit einer Farbe aus – Abweichungen durch Runden möglich!
Tipp: Nicht nur Kreisbögen zählen zum Umfang!

10,27	14,14	15,71	**18,85**	22,85	30,27
32,33	34,27	34,32	35,34	35,82	39,24
40,41	40,84	45,16	50,27	51,05	53,51
53,66	54,98	55,22	55,47	55,69	55,75
56,55	60,55	62,83	63,62	131,95	197,92

Aufgabe (Maßangaben in cm)	Ergebnis A (cm²) u (cm)	Aufgabe (Maßangaben in cm)	Ergebnis A (cm²) u (cm)
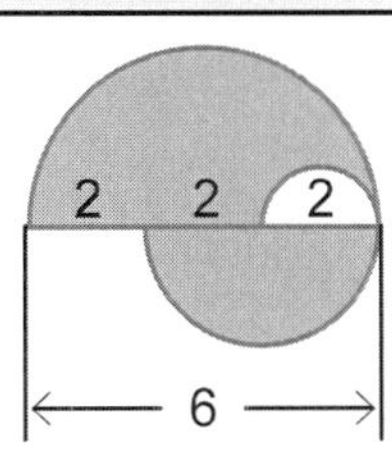	A = **18,85** u =	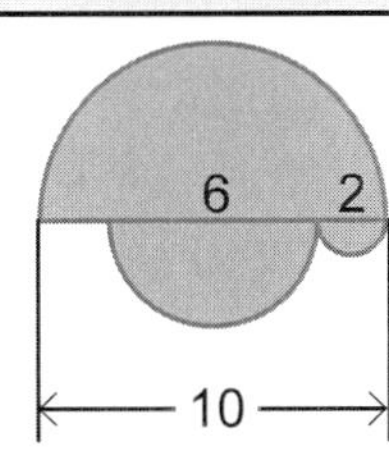	A = u =
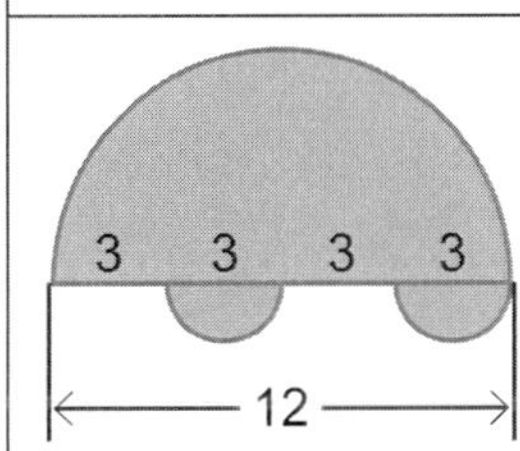	A = u =	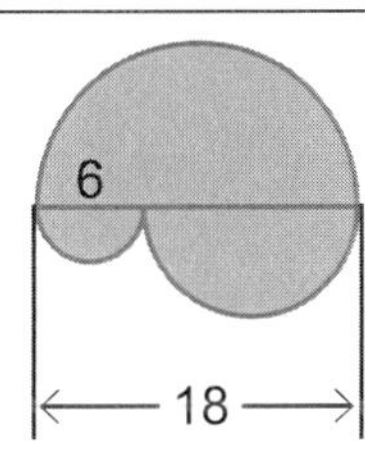	A = u =
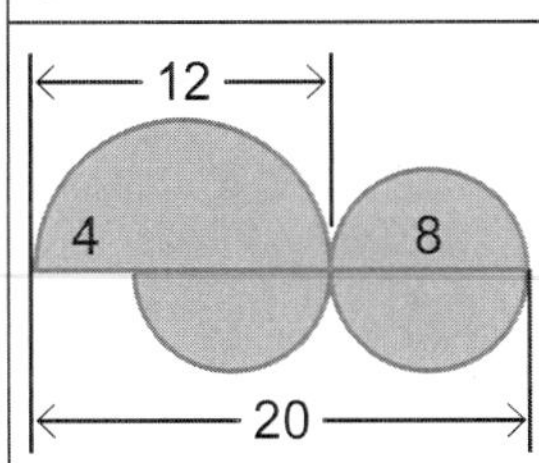	A = u =	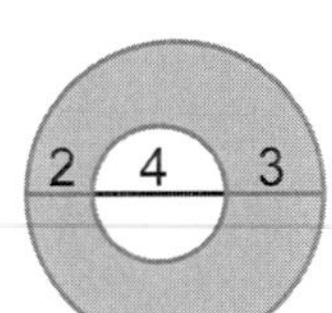	A = u =
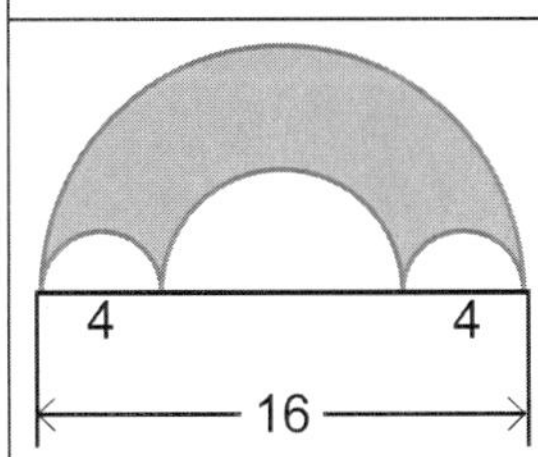	A = u =	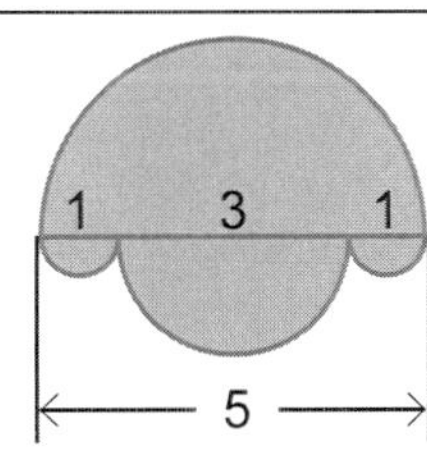	A = u =
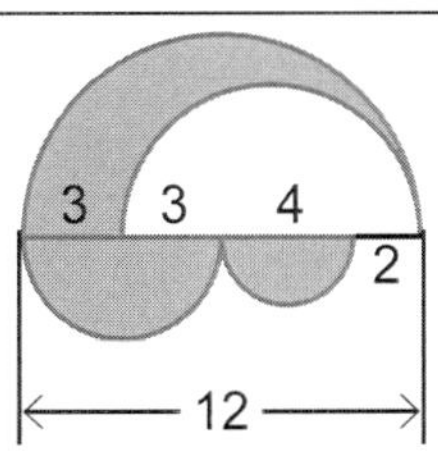	A = u =	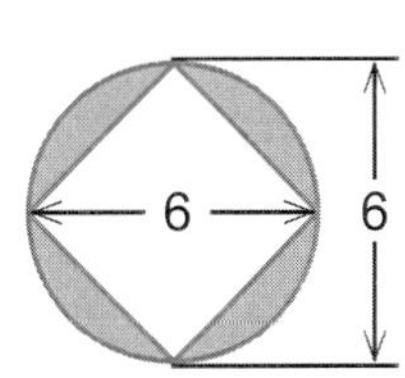	A = u =

AUSMALEN

KOHL VERLAG Mathe-Training zur Wiederholung und Festigung / Klasse 9 – Bestell-Nr. 13 027

Kreis – Umfang (u) und Flächeninhalt (A) berechnen

– *LÖSUNG* –

10,27	14,14	15,71	18,85	22,85	30,27
32,33	34,27	34,32	35,34	35,82	39,24
40,41	40,84	45,16	50,27	51,05	53,51
53,66	54,98	55,22	55,47	55,69	55,75
56,55	60,55	62,83	63,62	131,95	197,92

Aufgabe (Maßangaben in cm)	Ergebnis A (cm²) u (cm)	Aufgabe (Maßangaben in cm)	Ergebnis A (cm²) u (cm)
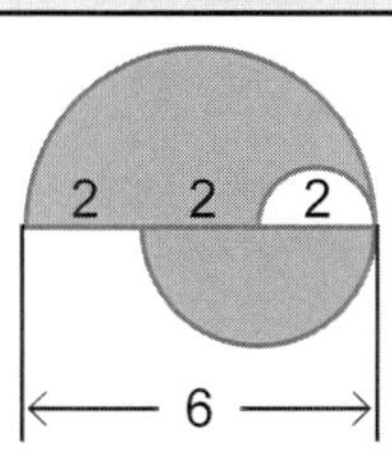	A = 18,85 u = 22,85	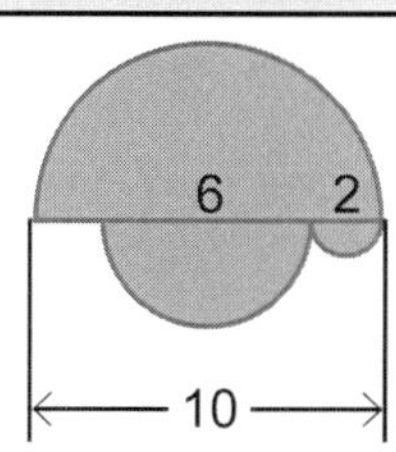	A = 54,98 u = 30,27
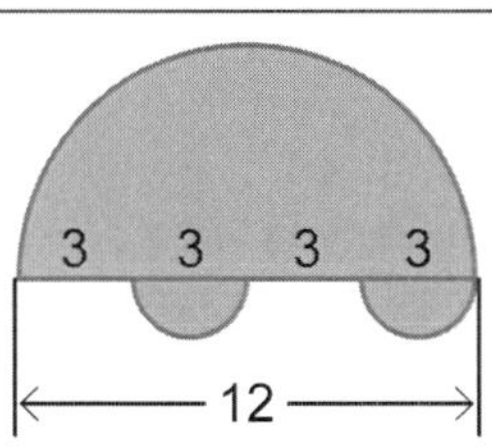	A = 63,62 u = 34,27	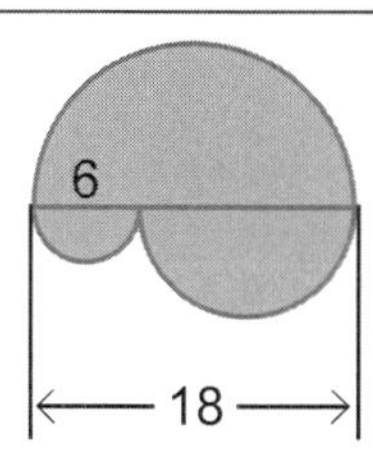	A = 197,92 u = 56,55
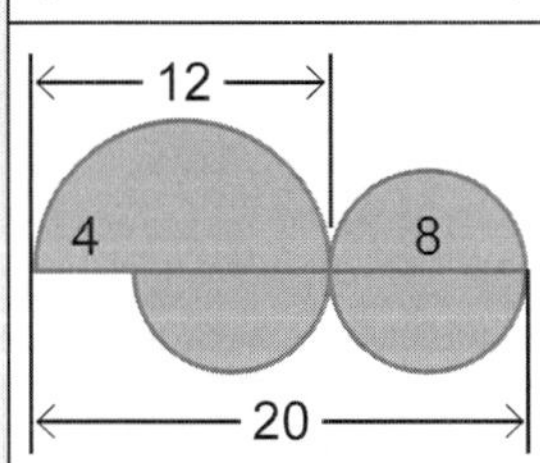	A = 131,95 u = 60,55	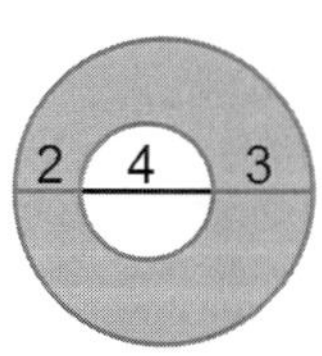	A = 51,05 u = 40,84
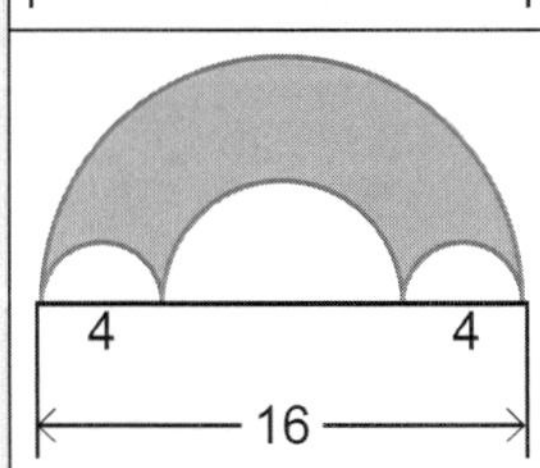	A = 62,83 u = 50,27	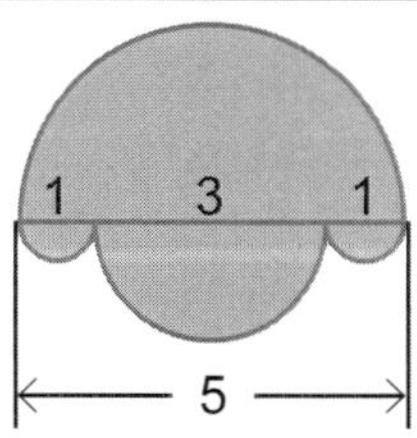	A = 14,14 u = 15,71
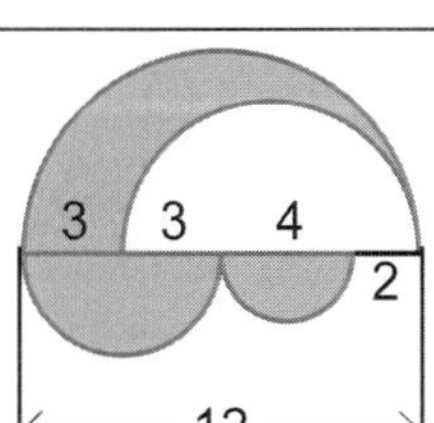	A = 45,16 u = 55,69	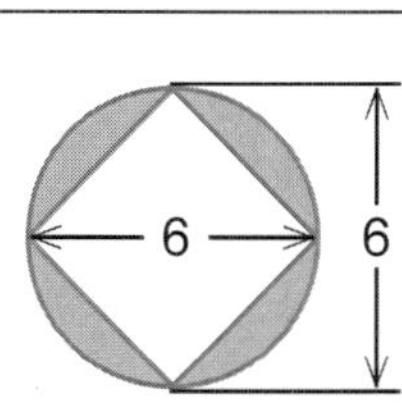	A = 10,27 u = 35,82

AUSMALEN

Oberfläche (O) und Volumen (V) des Zylinders

Berechne die fehlenden Werte. Runde auf 2 Stellen nach dem Komma – Abweichungen durch Runden möglich!
Ordne aus dem Schlüssel die richtigen Buchstaben zu.
Du erhältst den Lösungssatz in umgekehrter Reihenfolge.

Gegeben	Lösung	Text
h = 4,5 cm V = 325,7 cm^3	r = **4,8 cm**	LT
	O =	
h = 5,5 cm r = 2,5 cm	O =	
	V =	
h = 5 cm r = 2 cm	O =	
	V =	
r = 3 cm V = 240,30 cm^3	h =	
	O =	
r = 7 cm O = 378,2 cm^2	h =	
	V =	

Gegeben	Lösung	Text
h = 6,5 cm r = 2,5 cm	O =	
	V =	
r = 6,5 cm V = 318,6 cm^3	h =	
	O =	
O = 402,1 cm^2 r = 4 cm	h =	
	V =	
h = 8 cm V = 628,32 cm^3	r =	
	O =	
r = 3,3 cm O = 223,93 cm^2	h =	
	V =	

Schlüssel:

1,6	2,4	4,8	5	7,5
NUNG	DIE	LT	KNU	MA

8,5	12	62,85	87,99	107,97
SCHON	SO	ZWEI	DÖ	NER

125,67	127,60	141,38	216,77	246,3
BE	SPRACH	ER	HAT	KEN

256,58	280,48	363,48	408,44	603,24
MEIN	STEL	LAUT	GEN	RRT

Lösungssatz: ______ ________ __________ ___ ______, _____

________________________ ___ _________ ________ ______ ________ __________LT.

GEHEIMSCHRIFT

KOHL VERLAG

– LÖSUNG –

Gegeben	Lösung	Text
h = 4,5 cm, V = 325,7 cm^3	r = 4,8 cm	LT
	O = 280,48 cm^2	STEL
h = 5,5 cm, r = 2,5 cm	O = 125,67 cm^2	BE
	V =107,97 cm^3	NER
h = 5 cm, r = 2 cm	O = 87,99 cm^2	DÖ
	V = 62,85 cm^3	ZWEI
r = 3 cm, V = 240,30 cm^3	h = 8,5 cm	SCHON
	O = 216,77 cm^2	HAT
r = 7 cm, O = 378,2 cm^2	h = 1,6 cm	NUNG
	V = 246,3 cm^3	KEN

Gegeben	Lösung	Text
h = 6,5 cm, r = 2,5 cm	O = 141,38 cm^2	ER
	V = 127,60 cm^3	SPRACH
r = 6,5 cm, V = 318,6 cm^3	h = 2,4 cm	DIE
	O = 363,48 cm^2	LAUT
O = 402,1 cm^2, r = 4 cm	h = 12 cm	SO
	V = 603,24 cm^3	RRT
h = 8 cm, V = 628,32 cm^3	r = 5 cm	KNU
	O = 408,44 cm^2	GEN
r = 3,3 cm, O = 223,93 cm^2	h = 7,5 cm	MA
	V = 256,58 cm^3	MEIN

Lösungssatz: MEIN MAGEN KNURRT SO LAUT, DIE SPRACHERKENNUNG HAT SCHON ZWEI DÖNER BESTELLT.

KOHL VERLAG Mathe-Training zur Wiederholung und Festigung / Klasse 9 – Bestell-Nr. 13 027

Oberfläche (O) und Volumen (V) des Zylinders

Berechne die fehlenden Werte. Runde auf 2 Stellen nach dem Komma – Abweichungen durch Runden möglich!
Ordne aus dem Schlüssel die richtigen Buchstaben zu.
Du erhältst den Lösungssatz in umgekehrter Reihenfolge.

Gegeben	Lösung	Text	Lösung	Text
h = 5 cm r = 3,5 cm	G = **38,48 cm²**	KE	O =	
	V =		M =	
h = 6,3 cm M = 251 cm²	r =		G =	
	O =		V =	
G = 559,06 cm² V = 251,58 cm³	h =		r =	
	O =		M =	
r = 6,6 cm O = 325,13 cm²	h =		G =	
	V =		M =	
h = 2,5 cm M = 25,5 cm²	r =		G =	
	O =		V =	

Schlüssel:

0,45	EI
1,24	IS
1,62	UD
6,34	ST
8,24	EM
13,34	WI
20,60	NI
37,72	ST
38,48	KE
41,98	NA
51,43	AN
109,95	ND
126,28	UU
136,85	DI
169,69	AS
186,91	GE
192,4	ÄR
503,56	NE
795,56	ED
1155,84	TD

Lösungssatz: ______ ______ ______ ______ , ______ ______ ______
______ ______ ______KE.

GEHEIMSCHRIFT

KOHL VERLAG Mathe-Training zur Wiederholung und Festigung / Klasse 9 – Bestell-Nr. 13 027

– LÖSUNG –

Gegeben	Lösung	Text	Lösung	Text
h = 5 cm r = 3,5 cm	G = 38,48 cm^2	KE	O = 186,91 cm^2	GE
	V = 192,4 cm^3	ÄR	M = 109,95 cm^2	ND
h = 6,3 cm M = 251 cm^2	r = 6,34 cm	ST	G = 126,28 cm^2	UU
	O = 503,56 cm^2	NE	V = 795,56 cm^3	ED
G = 559,06 cm^2 V = 251,58 cm^3	h = 0,45 cm	EI	r = 13,34 cm	WI
	O = 1155,84 cm^2	TD	M = 37,72 cm^2	ST
r = 6,6 cm O = 325,13 cm^2	h = 1,24 cm	IS	G = 136,85 cm^2	DI
	V = 169,69 cm^3	AS	M = 51,43 cm^2	AN
h = 2,5 cm M = 25,5 cm^2	r = 1,62 cm	UD	G = 8,24 cm^2	EM
	O = 41,98 cm^2	NA	V = 20,60 cm^3	NI

Lösungssatz: NIEMAND IST WIE DU, UND GENAU DAS IST DEINE STÄRKE.

GEHEIMSCHRIFT

Oberfläche (O) und Volumen (V) des Zylinders

39**

Berechne die fehlenden Werte. Runde auf 2 Stellen nach dem Komma – Abweichungen durch Runden möglich!
Ordne aus dem Schlüssel die richtigen Buchstaben zu.
Du erhältst den Lösungssatz in umgekehrter Reihenfolge.

<table>
<tr><th rowspan="2">Aufgabe</th><th>V (cm³)</th><th>O (cm²)</th><th rowspan="2">Aufgabe</th><th>V (cm³)</th><th>O (cm²)</th></tr>
<tr><th>TEXT</th><th>TEXT</th><th>TEXT</th><th>TEXT</th></tr>
<tr><td rowspan="2">Stecker
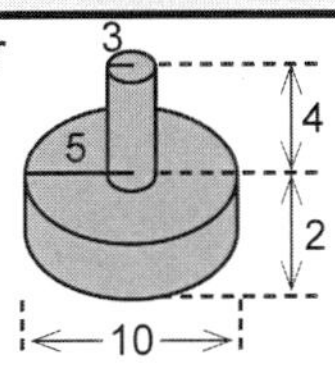</td><td>185,35</td><td></td><td rowspan="2">Hantel
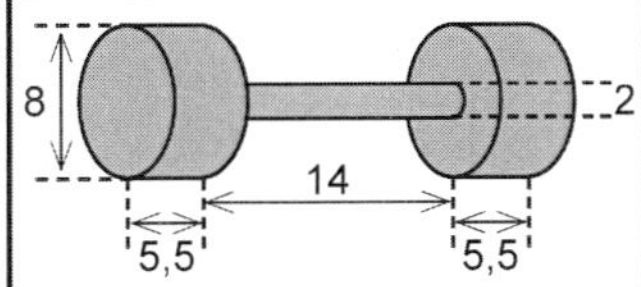</td><td></td><td></td></tr>
<tr><td>RZ</td><td></td><td></td><td></td></tr>
<tr><td rowspan="2">Walze
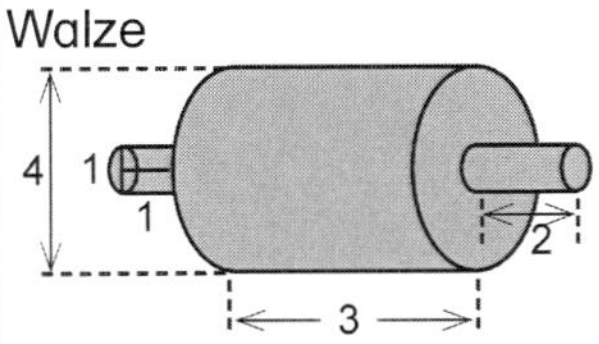</td><td></td><td></td><td rowspan="2">Ring
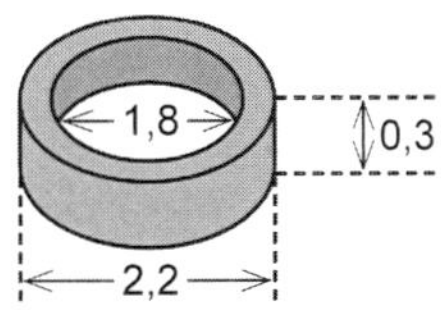</td><td></td><td></td></tr>
<tr><td></td><td></td><td></td><td></td></tr>
<tr><td rowspan="2">Rad
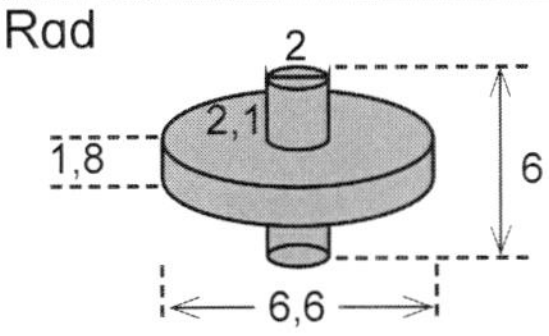</td><td></td><td></td><td rowspan="2">Dose
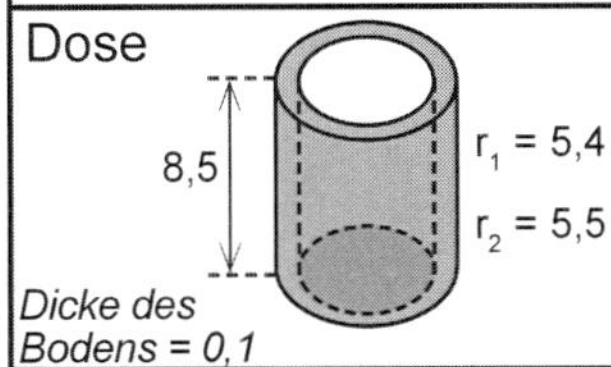</td><td></td><td></td></tr>
<tr><td></td><td></td><td></td><td></td></tr>
<tr><td rowspan="2">Abstandhalter
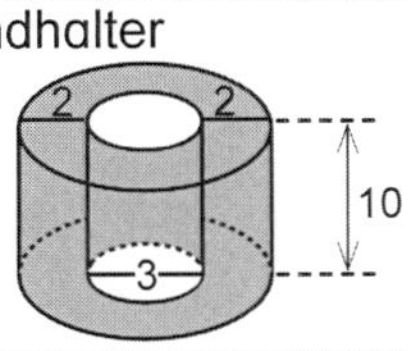</td><td></td><td></td><td rowspan="2">Rohrhalter
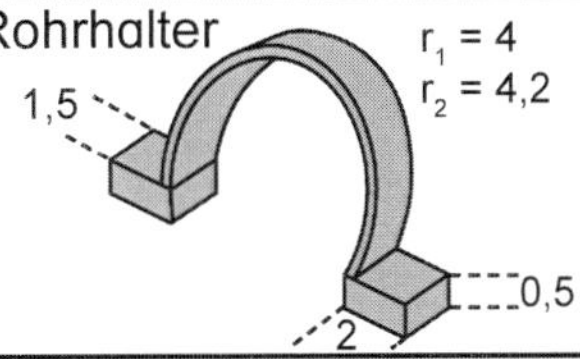</td><td></td><td></td></tr>
<tr><td></td><td></td><td></td><td></td></tr>
</table>

Schlüssel:

0,38	IC
6,29	NN
6,86	DU
38,24	KA
40,08	NZ
62,20	GE
67,55	GA
74,76	R
132,11	U
185,35	RZ
257,61	KU
314,10	N
376,92	ER
559,16	H
596,94	AB
768,83	LD

Lösungssatz: ____________ __________ ________, __________
______ ___________ ____RZ.

GEHEIMSCHRIFT

KOHL VERLAG Mathe-Training zur Wiederholung und Festigung / Klasse 9 – Bestell-Nr. 13 027

Oberfläche (O) und Volumen (V) des Zylinders

– LÖSUNG –

Aufgabe	V (cm^3)	O (cm^2)	Aufgabe	V (cm^3)	O (cm^2)
	TEXT	TEXT		TEXT	TEXT
Stecker 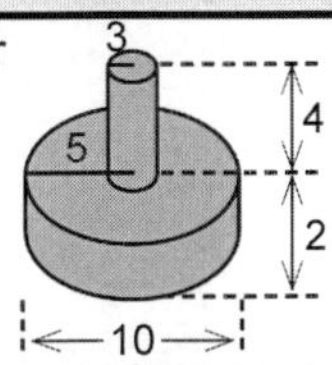	185,35	257,61	Hantel 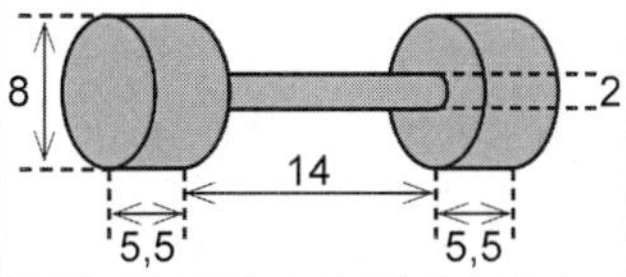	596,94	559,16
	RZ	KU		AB	H
Walze 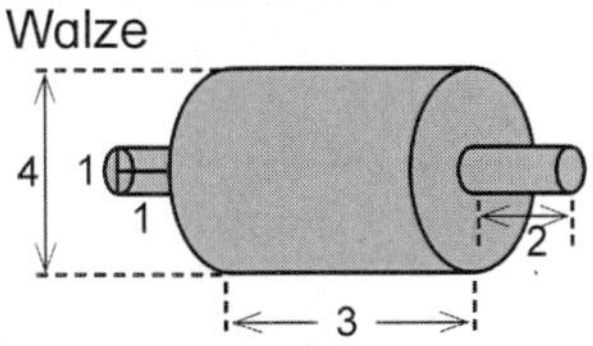	40,08	67,55	Ring 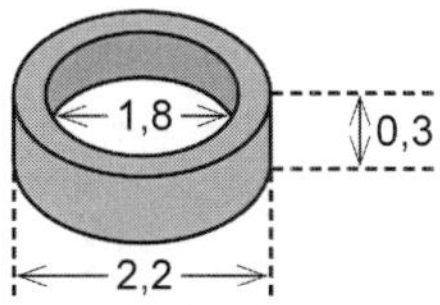	0,38	6,29
	NZ	GA		IC	NN
Rad 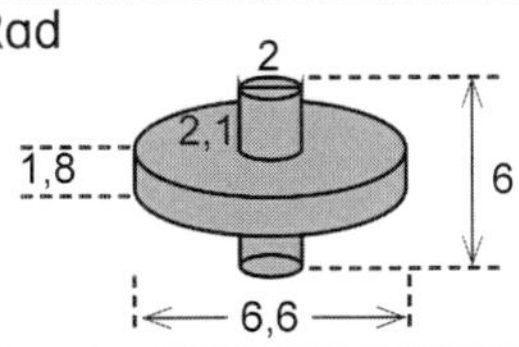	74,76	132,11	Dose 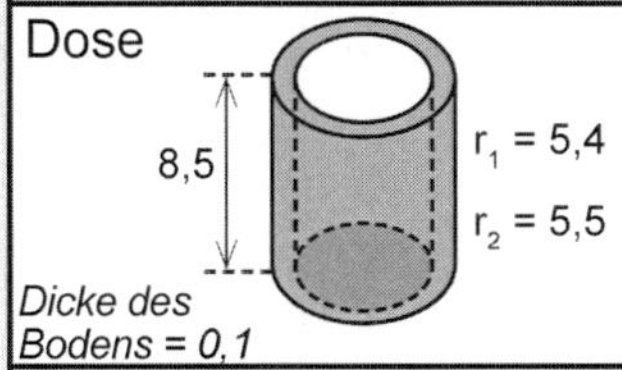	38,24	768,83
	R	U		KA	LD
Abstandhalter 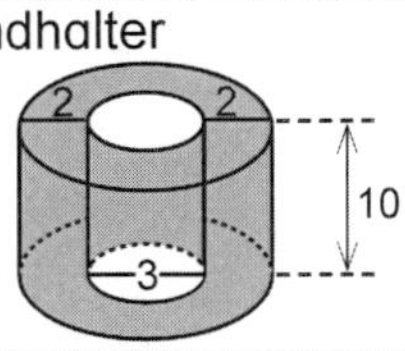	314,10	376,92	Rohrhalter 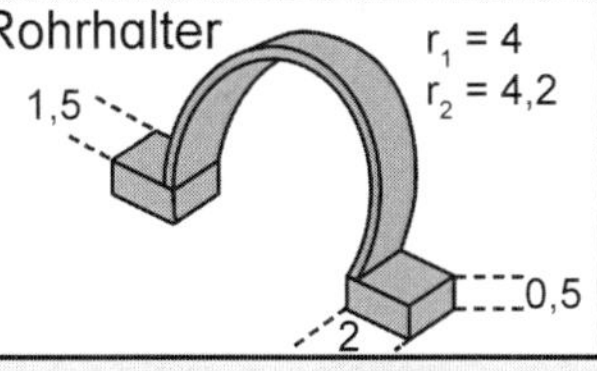	6,86	62,20
	N	ER		DU	GE

Lösungssatz: GEDULD KANN ICH, ABER NUR GANZ KURZ.

GEHEIMSCHRIFT

Oberfläche (O) und Volumen (V) des Kegels

Berechne im Spielplan O oder V aus den Werten G (Grundfläche), M (Mantel) oder h (Höhe). Runde wenn nötig auf eine Nachkommastelle. Schneide die Puzzleteile aus und lege sie passend auf.

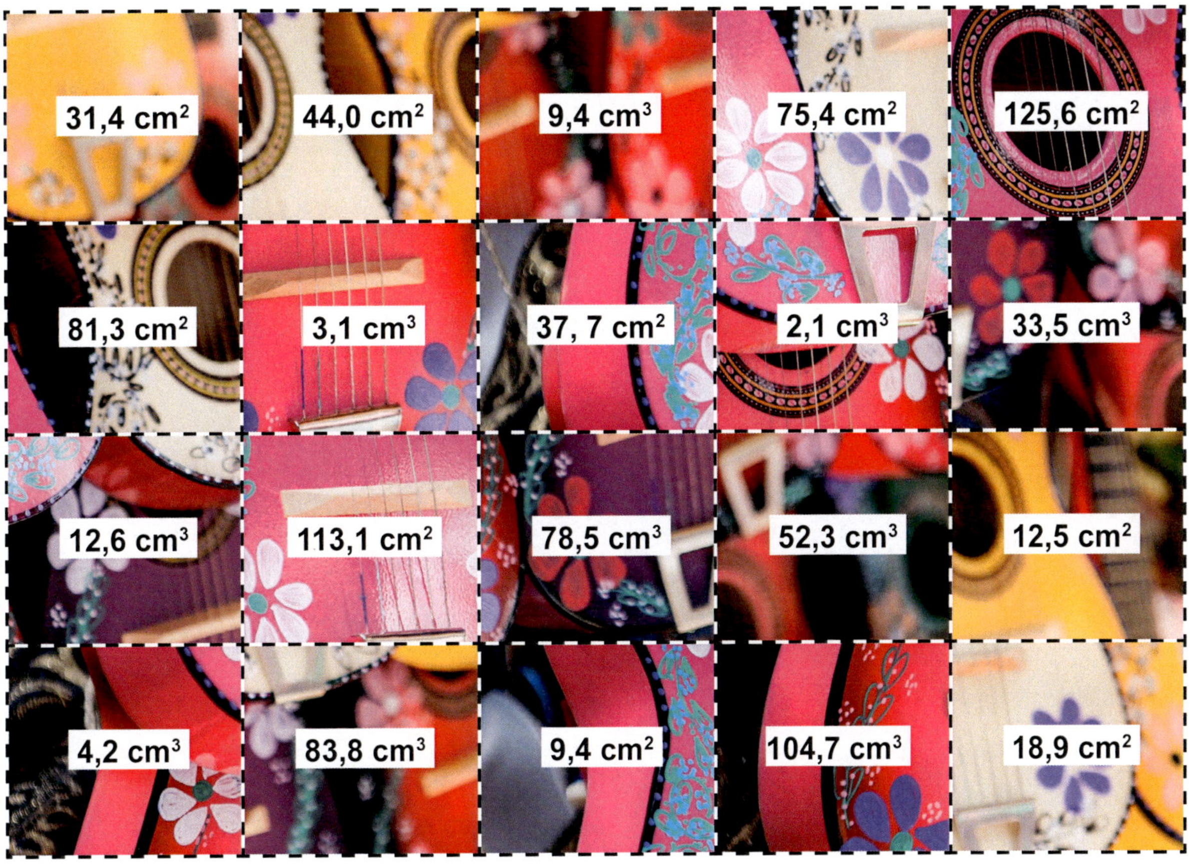

Spielplan:

G = 3,1 cm² M = 6,3 cm² O =	G = 47,1 cm² M = 78,5 cm² O =	G = 62,8 cm² M = 18,5 cm² O =	G = 12,6 cm² M = 31,4 cm² O =	G = 3,1 cm² M = 9,4 cm² O =
G = 9,4 cm² M = 28,3 cm² O =	G = 50,3 cm² M = 62,8 cm² O =	G = 25,1 cm² M = 50,3 cm² O =	G = 6,3 cm² M = 12,6 cm² O =	G = 12,6 cm² M = 18,8 cm² O =
G = 12,6 cm² h = 1 cm V =	G = 3,1 cm² h = 2 cm V =	G = 12,6 cm² h = 3 cm V =	G = 50,3 cm² h = 5 cm V =	G = 28,3 cm² h = 1 cm V =
G = 78,5 cm² h = 4 cm V =	G = 3,1 cm² h = 3 cm V =	G = 78,5 cm² h = 3 cm V =	G = 50,3 cm² h = 2 cm V =	G = 78,5 cm² h = 2 cm V =

PUZZLE

KOHL VERLAG Mathe-Training zur Wiederholung und Festigung / Klasse 9 – Bestell-Nr. 13 027

– LÖSUNG –

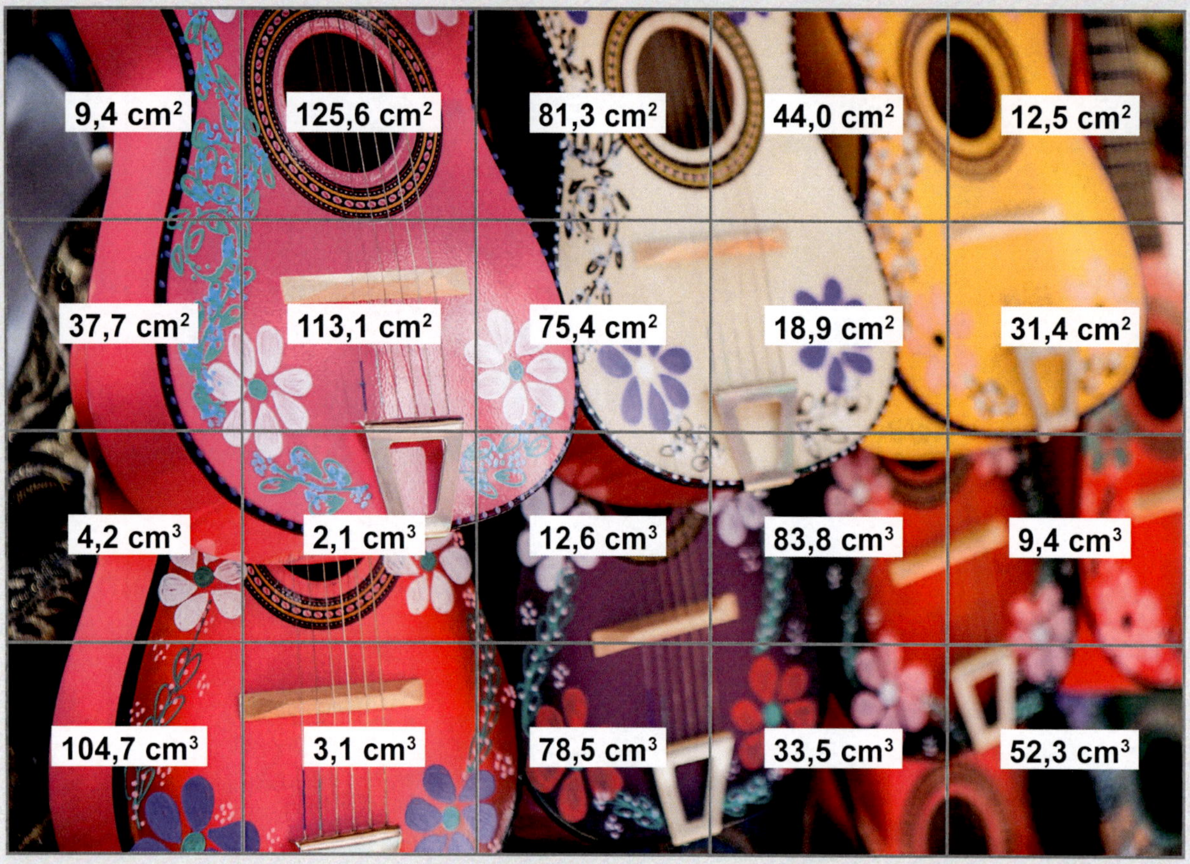

KOHL VERLAG Mathe-Training zur Wiederholung und Festigung / Klasse 9 – Bestell-Nr. 13 027

Oberfläche (O) und Volumen (V) des Kegels

Berechne im Spielplan O oder V aus den Werten r (Radius), h (Höhe) und s (Seitenhöhe). Runde wenn nötig auf eine Nachkommastelle. Schneide die Puzzleteile aus und lege sie passend auf.

Spielplan:

r = 1,5 cm s = 2,5 cm O =	r = 3,3 cm s = 5,6 cm O =	r = 1,5 cm s = 1,5 cm O =	r = 3,9 cm s = 4,9 cm O =	r = 2,1 cm s = 2,5 cm O =
r = 4,5 cm s = 6,5 cm O =	r = 2,5 cm s = 3,5 cm O =	r = 1,5 cm s = 3,5 cm O =	r = 3,3 cm s = 4,5 cm O =	r = 2,5 cm s = 5,5 cm O =
r = 0,5 cm h = 0,5 cm V =	r = 0,8 cm h = 1,8 cm V =	r = 1,5 cm h = 0,9 cm V =	r = 0,9 cm h = 1,9 cm V =	r = 3,5 cm h = 7,5 cm V =
r = 3,5 cm h = 5,5 cm V =	r = 2,8 cm h = 2,1 cm V =	r = 3,1 cm h = 2,0 cm V =	r = 2,8 cm h = 1,5 cm V =	r = 1,5 cm h = 1,5 cm V =

PUZZLE

KOHL VERLAG Mathe-Training zur Wiederholung und Festigung / Klasse 9 – Bestell-Nr. 13 027

– LÖSUNG –

PUZZLE

KOHL VERLAG Mathe-Training zur Wiederholung und Festigung / Klasse 9 – Bestell-Nr. 13 027

Oberfläche (O) und Volumen (V) des Kegels

Berechne im Spielplan O und V aus den Werten r (Radius) und h (Höhe). Runde wenn nötig auf eine Nachkommastelle – Abweichungen durch Runden möglich! Schneide die Puzzleteile aus und lege sie auf die passenden Felder im Spielplan auf.

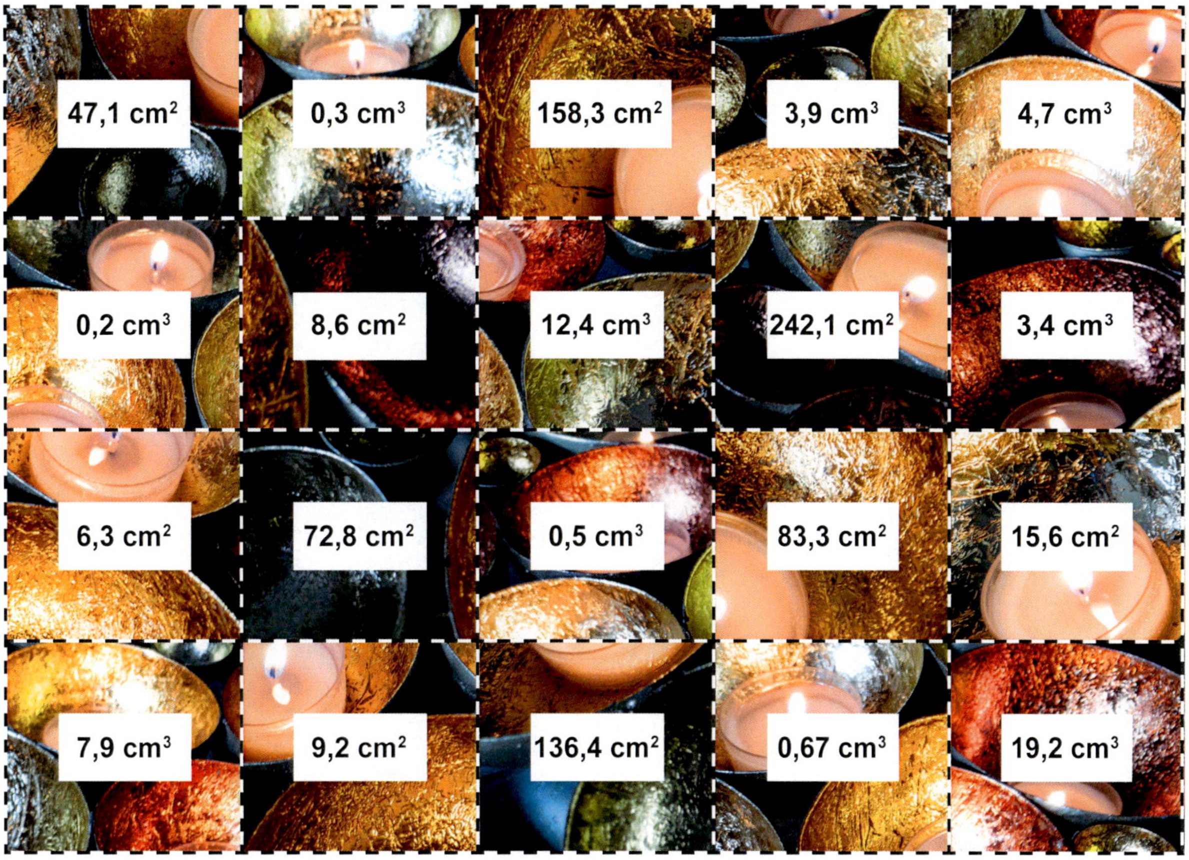

Spielplan:

r = 2,0 cm h = 0,8 cm V =	r = 0,8 cm h = 0,8 cm V =	r = 0,5 cm h = 1,1 cm V =	r = 2,5 cm h = 1,2 cm V =	r = 3,5 cm h = 1,5 cm V =
r = 1,1 cm h = 3,1 cm V =	r = 0,4 cm h = 4,0 cm V =	r = 0,5 cm h = 0,8 cm V =	r = 1,5 cm h = 2,0 cm V =	r = 2,5 cm h = 1,9 cm V =
r = 1,5 cm h = 1,0 cm O =	r = 2,5 cm h = 2,5 cm O =	r = 1,1 cm h = 1,1 cm O =	r = 0,8 cm h = 1,5 cm O =	r = 5,5 cm h = 6,5 cm O =
r = 4,5 cm h = 2,5 cm O =	r = 3,1 cm h = 3,1 cm O =	r = 5,0 cm h = 0,9 cm O =	r = 3,5 cm h = 2,1 cm O =	r = 0,8 cm h = 2,5 cm O =

PUZZLE

KOHL VERLAG Mathe-Training zur Wiederholung und Festigung / Klasse 9 – Bestell-Nr. 13 027

Oberfläche (O) und Volumen (V) des Kegels

42**

– *LÖSUNG* –

PUZZLE

KOHL VERLAG Mathe-Training zur Wiederholung und Festigung / Klasse 9 – Bestell-Nr. 13 027

V (Volumen) und O (Oberfläche) quadratischer Pyramiden

43

Berechne aus a (Seitenlänge der Grundfläche), h (Höhe) und A (Seitenfläche) V oder O. Runde wenn nötig auf eine Nachkommastelle. Male nur die Felder mit den Ergebniszahlen (ohne Einheit) aus.

4	9	12	**16**	17	21,3
22	24	**25**	30	36	40
48	66,7	83,3	89	153	266,7
269,7	276	279	281	301,5	320
420	1040	1066,7	1905	2133,3	3185

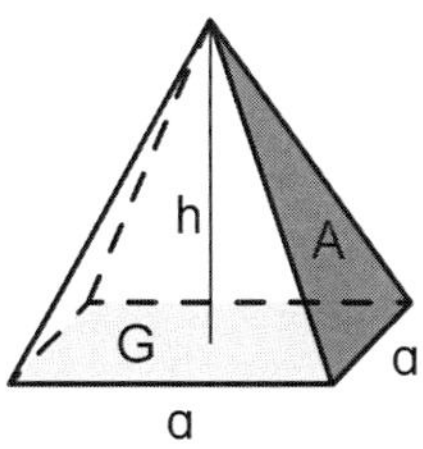

a	h	V
4 cm	3 cm	**16 cm³**
2 cm	3 cm	cm³
4 cm	4 cm	
40 cm	4 cm	
20 cm	8 cm	
10 cm	8 cm	
5 cm	8 cm	
5 cm	10 cm	
3 cm	4 cm	
3 cm	3 cm	

a	A	O
3 cm	4 cm²	**25 cm²**
3 cm	2 cm²	cm²
4 cm	8 cm²	
5 cm	16 cm²	
5 cm	32 cm²	
5 cm	64 cm²	
25 cm	640 cm²	
25 cm	320 cm²	
20 cm	160 cm²	
10 cm	80 cm²	

AUSMALEN

KOHL VERLAG Mathe-Training zur Wiederholung und Festigung / Klasse 9 – Bestell-Nr. 13 027

– LÖSUNG –

4	9	12	16	17	21,3
22	24	25	30	36	40
48	66,7	83,3	89	153	266,7
269,7	276	279	281	301,5	320
420	1040	1066,7	1905	2133,3	3185

a	h	V
4 cm	3 cm	16 cm^3
2 cm	3 cm	4 cm^3
4 cm	4 cm	21,3 cm^3
40 cm	4 cm	2133,3 cm^3
20 cm	8 cm	1066,7 cm^3
10 cm	8 cm	266,7 cm^3
5 cm	8 cm	66,7 cm^3
5 cm	10 cm	83,3 cm^3
3 cm	4 cm	12 cm^3
3 cm	3 cm	9 cm^3

a	A	O
3 cm	4 cm^2	25 cm^2
3 cm	2 cm^2	17 cm^2
4 cm	8 cm^2	48 cm^2
5 cm	16 cm^2	89 cm^2
5 cm	32 cm^2	153 cm^2
5 cm	64 cm^2	281 cm^2
25 cm	640 cm^2	3185 cm^2
25 cm	320 cm^2	1905 cm^2
20 cm	160 cm^2	1040 cm^2
10 cm	80 cm^2	420 cm^2

AUSMALEN

KOHL VERLAG Mathe-Training zur Wiederholung und Festigung / Klasse 9 – Bestell-Nr. 13 027

V (Volumen) und O (Oberfläche) quadratischer Pyramiden

44*

Berechne aus a (Seitenlänge der Grundfläche), h (Höhe), h_a (Höhe der Seitenflächen), V und O die fehlenden Werte. Runde wenn nötig auf eine Nachkommastelle. Male die Felder mit den Ergebnissen aus.

1,5	1,7	2,0	2,2	2,5	2,7
2,9	3	4	4,3	4,5	4,7
5	5,5	6	**7,3**	10	10,2
11	12	17,3	49,6	52,4	54,2
69	99	119,0	284,2	552,4	752,6

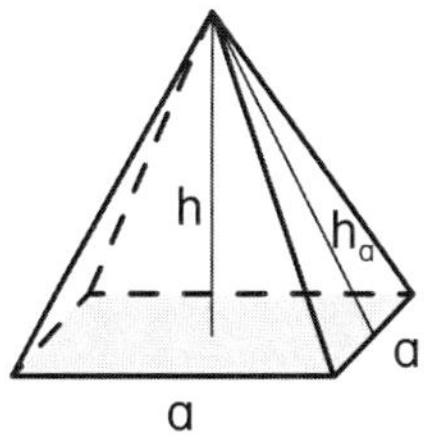

a	h	V
2,5 cm	3,5 cm	**7,3 cm³**
3,5 cm	2,5 cm	
5,2 cm	5,5 cm	
5,5 cm	5,2 cm	
1,5 cm		1,13 cm³
1,8 cm		2,16 cm³
2,3 cm		3,88 cm³
	6,3 cm	52,5 cm³
	3,6 cm	10,8 cm³
	1,8 cm	9,6 cm³

a	h_a	O
1,2 cm	1,2 cm	
2,4 cm	2,4 cm	
4,8 cm	10,0 cm	
9,6 cm	10,0 cm	
19,2 cm	10,0 cm	
1,5 cm		15,8 cm²
2,5 cm		33,8 cm²
3,5 cm		54,3 cm²
4,5 cm		110,3 cm²
5,5 cm		162,3 cm²

AUSMALEN

KOHL VERLAG Mathe-Training zur Wiederholung und Festigung / Klasse 9 – Bestell-Nr. 13 027

– LÖSUNG –

1,5	1,7	2,0	2,2	2,5	2,7
2,9	3	4	4,3	4,5	4,7
5	5,5	6	7,3	10	10,2
11	12	17,3	49,6	52,4	54,2
69	99	119,0	284,2	552,4	752,6

a	h	V
2,5 cm	3,5 cm	7,3 cm^3
3,5 cm	2,5 cm	10,2 cm^3
5,2 cm	5,5 cm	49,6 cm^3
5,5 cm	5,2 cm	52,4cm^3
1,5 cm	1,5 cm	1,13 cm^3
1,8 cm	2,0 cm	2,16 cm^3
2,3 cm	2,2 cm	3,88 cm^3
5 cm	6,3 cm	52,5 cm^3
3 cm	3,6 cm	10,8 cm^3
4 cm	1,8 cm	9,6 cm^3

a	h_a	O
1,2 cm	1,2 cm	4,3 cm^2
2,4 cm	2,4 cm	17,3 cm^2
4,8 cm	10,0 cm	119,0 cm^2
9,6 cm	10,0 cm	284,2 cm^2
19,2 cm	10,0 cm	752,6 cm^2
1,5 cm	4,5 cm	15,8 cm^2
2,5 cm	5,5 cm	33,8 cm^2
3,5 cm	6 cm	54,3 cm^2
4,5 cm	10 cm	110,3 cm^2
5,5 cm	12 cm	162,3 cm^2

AUSMALEN

KOHL VERLAG Mathe-Training zur Wiederholung und Festigung / Klasse 9 – Bestell-Nr. 13 027

V (Volumen) und O (Oberfläche) quadratischer Pyramiden

Berechne aus a, h, h_a, V und O die fehlenden Werte. Runde wenn nötig auf 2 Nachkommastellen – Abweichungen durch Runden möglich! Male die Felder mit den Ergebnissen aus.

1,91	1,95	2,25	2,71	2,81	3,03
3,22	3,26	3,80	4,47	4,71	5,5
5,6	5,81	6,0	6,35	6,81	7,05
8,0	8,85	8,95	9,67	9,69	9,70
9,71	9,75	10,5	16,01	19,69	**45,70**
55,45	69,41	79,51	88,1	107,08	134,47

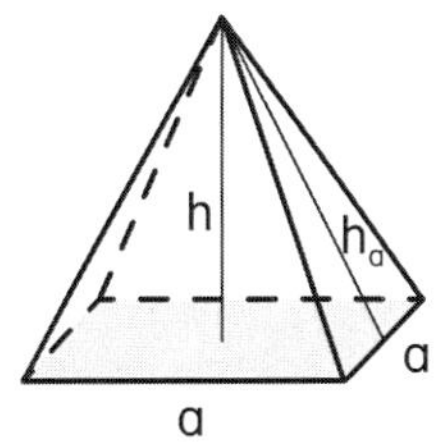

a	h	V
6,35 cm	3,4 cm	**45,70 cm³**
5,1 cm	15,51 cm	
4,45 cm	8,4 cm	
5,85 cm		62,74 cm³
0,85 cm		0,73 cm³
7,05 cm		99,41 cm³
	4,2 cm	14,50 cm³
	6,2 cm	165,55 cm³
	5,1 cm	187,43 cm³
	3,2 cm	101,40 cm³

a	h	h_a	O
2,25 cm	–	3,25 cm	
0,75 cm	–	1,50 cm	
1,25 cm	3,20 cm		
1,74 cm	1,70 cm		
2,50 cm	1,50 cm		
	–	3,37 cm	50,13 cm²
	–	5,50 cm	110,17 cm²
	–	2,85 cm	36,10 cm²
4,81 cm	–	4,81 cm	
6,66 cm	3,33 cm		

AUSMALEN

KOHL VERLAG Mathe-Training zur Wiederholung und Festigung / Klasse 9 – Bestell-Nr. 13 027

– LÖSUNG –

1,91	1,95	2,25	2,71	2,81	3,03
3,22	3,26	3,80	4,47	4,71	5,5
5,6	5,81	6,0	6,35	6,81	7,05
8,0	8,85	8,95	9,67	9,69	9,70
9,71	9,75	10,5	16,01	19,69	45,70
55,45	69,41	79,51	88,1	107,08	134,47

a	h	V
6,35 cm	3,4 cm	45,70 cm³
5,1 cm	15,51 cm	134,47 cm³
4,45 cm	8,4 cm	55,45 cm³
5,85 cm	5,5 cm	62,74 cm³
0,85 cm	3,03 cm	0,73 cm³
7,05 cm	6,0 cm	99,41 cm³
3,22 cm	4,2 cm	14,50 cm³
8,95 cm	6,2 cm	165,55 cm³
10,5 cm	5,1 cm	187,43 cm³
9,75 cm	3,2 cm	101,40 cm³

a	h	h_a	O
2,25 cm	–	3,25 cm	19,69 cm²
0,75 cm	–	1,50 cm	2,81 cm²
1,25 cm	3,20 cm	3,26 cm	9,71 cm²
1,74 cm	1,70 cm	1,91 cm	9,67 cm²
2,50 cm	1,50 cm	1,95 cm	16,01 cm²
4,47 cm	–	3,37 cm	50,13 cm²
6,35 cm	–	5,50 cm	110,17 cm²
3,80 cm	–	2,85 cm	36,10 cm²
4,81 cm	–	4,81 cm	69,41 cm²
6,66 cm	3,33 cm	4,71 cm	107,08 cm²

AUSMALEN

Hans-J. Schmidt

Zeichenspaß mit Spiegelbildern

Geometrische Grunderfahrungen stärken

Durch den täglichen Umgang mit Spiegelbildern werden Grunderfahrungen der Geometrie trainiert. Wichtig für den zukünftigen Unterrichtsstoff ist es, Sicherheit beim Abzählen von Längen, Klarheit bei der Achsensymmetrie sowie einen Sinn für gespiegelte Objekte zu entwickeln. Auch der Umgang mit Quadratgitterlinien und diversen Achsen wird hier spielerisch gelernt. Die Spiegelbilder sind in drei Schwierigkeitsstufen eingeteilt. Sauberes Zeichnen, intensive Konzentration, Wahrnehmung und Durchhaltevermögen werden mit diesem Material gezielt geschult und gestärkt!

64 Seiten	11 237	ab 14,99 €

5 6

Michael Junga

Intelligente Spiegelrätsel

Räumliches Denktraining

Differenzierte Vorlagen zum sachgerechten Anfertigen von Spiegelbildern mit einer oder mehreren Spiegelachsen. Visuelle Übungen mit dem Schwerpunkt Figur-Grund-Wahrnehmung fördern die Auge-Hand-Koordination sowie die Konzentration. Das fertige Bild kann farbig ausgestaltet werden. Die Übungsvorlagen zeigen einen aufsteigenden Schwierigkeitsgrad und können deshalb auch sehr gut zeitgleich im Rahmen der inneren Differenzierung eingesetzt werden.

64 Seiten	11 394	ab 14,99 €

FÖ — 5 6 7

Rechentechnik

Hans-J. Schmidt

Stationenlernen
Bruch-, Zins- & Prozentrechnung

Umfassende Übungen mit flexibel einsetzbaren Stationen. Die Aufgaben sind einsetzbar als Gesamtangebot oder auch angepasst an das Leistungsvermögen. Abwechslungsreiche Übungsformen mit thematisch passenden Textaufgaben.

- ⇨ ***Übersichtliche Aufgabenkarten***
- ⇨ ***Schnelle Vorbereitung***
- ⇨ ***Lösungen zur Selbstkontrolle***

PDF plus

48 S.	Prozentrechnen	11 946	ab 13,49 €
80 S.	Bruchrechnen	12 002	ab 16,49 €
80 S.	Zinsrechnen	12 003	ab 14,99 €

5 6 7 8

Rudi Lütgeharm

Diagramme im Unterricht

... verstehen & darstellen

Dieser Band beschreibt praxisnah Balken-, Säulen-, Kreis- & Kurvendiagramm etc. und erläutert die Rechts- und Hochachse. Die Schüler werden durch vielfältige Übungen in die Lage versetzt, Zahlen in „Figuren" und einfache Diagramme wie Balken-, Säulen-, Kreis- & Kurvendiagramme anzufertigen. Mit Tipps und Hinweisen zur Erstellung und zur richtigen Auswahl von Diagrammen sowie Vorschläge für die Bewertung von Diagrammen.

52 Seiten	12 269	ab 13,49 €

5 6 7 8 9 10

Friedhelm Heitmann

Statistik und Wahrscheinlichkeitsrechnung

... kinderleicht erlernen

Es gibt einen ersten Teil mit dem Schwerpunkt Statistik und einen zweiten Teil, der sich mit der Wahrscheinlichkeitsrechnung befasst. Die Aufgaben sind in unterschiedlichen Niveaustufen und so auch für die gezielte Förderung lernschwächerer Schüler geeignet.

80 Seiten	11 661	ab 16,49 €

FÖ PDF plus — 5 6 7 8 9 10

Stefan Lamm

Mein Mathe-Malbuch

Brüche kennenlernen

Band 7 der „Mein Mathe-Malbuch"-Reihe führt die Kinder erstmals in die Welt der Brüche. Sie lernen Bruchteile zu erkennen und benennen. Es sollen Brüche mit passenden Mustern kombiniert werden und schließlich stehen auch erste, einfache Rechnungen mit Brüchen zur Verfügung. Die dabei verwendete Grundschrift erleichtert den Kindern das Arbeiten ... und ganz nebenbei entstehen kleine Kunstwerke, die den Klassenraum schmücken können und als schöne Erinnerung an die Lernschritte für spätere Zeiten dienen können.

32 Seiten	12 667	ab 11,99 €

FÖ INK — 5 6

Jörg Krampe & Rolf Mittelmann

Runden & Überschlagsrechnen

Übungen in vier Differenzierungsstufen

Die Übungen zum Runden enthalten jeweils maximal 20 Aufgaben, die Übungen zur Überschlagsrechnung nur 6-9 Aufgaben. Jedes Übungsblatt enthält eine Anleitung mit Beispiel. Die Lösungen befinden sich auf den Rückseiten der Übungsblätter. Drei verschiedene spielerische Kontrollformen bieten Abwechslung und Variantenreichtum, ohne sich zu verzetteln.

64 Seiten	11 667	ab 14,49 €

PDF plus — 5 6 7

Sabine Hauke

Brüche & Bruchrechnung

Mein Mathe-Portfolio

- *Eigene Aufgaben erstellen und die Bruchrechnung „durchdringen".*
- *Mit selbst ergänzten Merksätzen, vielen Beispielen und abwechslungsreichen Aufgaben findet jeder Schüler Unterstützung auf individuellem Niveau.*
- *Bruchbegriffe und Regeln werden handlungsorientiert erarbeitet.*

56 Seiten	11 428	ab 14,49 €

PDF plus — 5 6 7

Hermine Wabl

Teilbarkeitsregeln & Primfaktorzerlegung

Einstieg in den Zahlenaufbau

Dieses ist ein unverzichtbares Werkzeug für die Bruchrechnung. Es ist aber auch so spannend zu erfahren, dass es unzerlegbare Zahlen, die Primzahlen, gibt. Sie sind die Bausteine, in die sich alle anderen Zahlen zerlegen lassen. Spannend ist auch, dass es oft mehrere Wege zur kompletten Zerlegung gibt. Diese „Zahlenchemie" führt dann ganz einfach auch zum ggT und kgV.

52 Seiten	12 750	ab 14,49 €

FÖ — 5 6

P. Smith & B. Owen

Brüche entdecken

Erkennen, umwandeln & berechnen

Eine große Schwierigkeit beim Erlernen des Bruchrechnens liegt im Entwickeln einer Vorstellung, was der Bruchteil eines Ganzen ist und wie man mit solchen Größen rechnerisch umgeht. Wie hängen Brüche und Prozent-angaben zusammen und was hat die Dezimalschreibweise damit zu tun? Wie lassen sich die Grundrechenarten mit Brüchen durchführen?

FARBIG

40 Seiten	15 036	ab 17,49 €

FÖ — 5 6 7

Hermine Wabl

Klammer vor Punkt vor Strich

Übungen zur „KlaPuStri-Regel"

Hier geht es um das grundlegende Rechengesetz, das manche die „KlaPuStri"-Regel nennen. Das Ziel soll sein, dass man diese im Schlaf beherrscht, also ohne Nachdenken. Ein Gefühl dafür, dass es wirklich darauf ankommt, was man zuerst ausrechnet und welchen Teil später, bekommt man am besten durch Staunen beim Vergleich zwischen der falschen und der richtigen Art zu rechnen.

48 Seiten	12 751	ab 13,49 €

FÖ — 5 6 7

Cornelia Gutjahr

Keine Angst mehr vor Brüchen

Es wird eine ausführliche, sehr leicht verständliche Einführung in das Rechnen mit Brüchen und Dezimalzahlen gegeben. In detaillierten Schritten wird die Herangehensweise zur Lösung von Bruchrechnungs- und Dezimalzahlenaufgaben erläutert. Zahlreiche Beispielaufgaben, zu denen ausführliche Lösungswege mit angegeben sind, bieten den Schülern sehr gute Möglichkeit, das erworbene Wissen zu festigen. Das Material ist so aufbereitet, dass sich Schüler sowohl die gesamten Grundlagen der Bruch- und Dezimalzahlenrechnung als auch einzelne Themenabschnitte sogar im Selbststudium problemlos aneignen und dadurch versäumten Stoff schnell nachholen können.

96 Seiten	12 924	ab 18,99 €

6 7 8

Petra Hartmann

Maßeinheiten an Stationen

Größen erfassen und darstellen

Mit Maßeinheiten – für Längen, Flächen, Gewichte, Zeiten ... - muss man immer sicher umgehen können. Die eigentlich einfache Logik des Umrechnens von Maßen erfordert aber eine gute grobe Vorstellung für die jeweiligen Größenordnungen. Diese sichere Basis wird hier gezielt durch Übungen erworben, so gelangen die Schüler Schritt für Schritt ganz ohne Stress umrechnend auch zu ganz großen und ganz kleinen Maßeinheiten bzw. Zahlen.

52 S.	12 755	ab 14,49 €

Klasse: 5, 6

Petra Hartmann

Intensivtrainer Rechnen

Dyskalkulie offensiv angehen

In diesen Trainingsbüchern finden sich viele verschiedene Matheaufgaben für die Klassenstufen 5/6. Die Aufgaben im Zahlenraum bis 1 Mio. und darüber hinaus sind leicht verständlich und können selbstständig erarbeitet werden. Mit Hilfe der Lösungen im Anhang können die Schüler die Aufgaben selbst überprüfen. Ein effektives Übungsprogramm zur Beseitigung von Rechenschwächen, auch zur Nachhilfe und zum häuslichen Üben bestens geeignet! Der regelmäßige Einsatz belohnt die Kinder schnell mit besseren Ergebnissen!

124 S.	Klasse 5	12 671	ab 22,49 €
148 S.	Klasse 6	12 672	ab 23,49 €

FÖ

Klasse: 5, 6

Tobias & Nik Vonderlehr

Maßeinheiten umrechnen

Gewicht, Maß, Zeit

Egal ob Längen-, Flächen- oder Volumeneinheiten, ob Geld-, Gewichts- oder Zeiteinheiten, mit diesen Materialien unterstützen Sie Ihre Schützlinge. Die Kommaschreibweise wird genauso trainiert, wie das Schreiben in gemischten Einheiten. Entsprechende Textaufgaben sind ebenfalls vorhanden.

56 S.	12 316	ab 14,49 €

PDF plus

Klasse: 5, 6

Birgit Brandenburg & Stefanie Kraus

Mit Maßeinheiten rechnen lernen

Schritt für Schritt erste Erfahrungen mit den Maßeinheiten in steigender Schwierigkeitsstufe. Lebensnahe und leicht umsetzbare Textaufgaben sowie Übungsaufgaben zur Umwandlung der Maßeinheiten werden thematisiert. Hinzu kommen offene Aufgaben.

124 Seiten	19 043	ab 22,49 €

PDF plus

Klasse: 5, 6

Stefan Lamm

Potenzen & Wurzeln ... kinderleicht erlernen

Das komplexe Themengebiet der Potenz- und Wurzelrechnung wird schrittweise erklärt und wird mit zahlreichen Aufgaben geübt. Zu jeder Rechenregel stehen Übungen in drei Niveaustufen zur Verfügung. Dadurch wird der Umgang mit diesen komplexen Rechnungen kinderleicht erlernbar.

40 Seiten	11 832	ab 12,49 €

Klasse: 9, 10, 11-13

Rudi Lütgeharm

Maßstab verstehen & anwenden

Alltäglich „begegnen" wir bewusst oder unbewusst dem Thema „Maßstab". Abbildungen in Zeitschriften und Büchern, Darstellungen auf dem Computer, eine Straßen- oder Stadtplankarte, Ausschnitte auf dem Navigationsgerät und Routenplaner etc. Dieser Band zeigt mit anschaulichen Beispielen auf, wie man methodisch gut vom „Abbild" zum „Maßstab" übergehen und mit welchen Aufgaben der Maßstab selbst entdeckt werden kann.

60 S.	12 250	ab 14,99 €

PDF plus

Klasse: 5, 6, 7, 8, 9, 10

Tobias Vonderlehr

Polynomdivison & Substitution

Die Vorgehensweise wird anhand einer ausführlichen Beispielaufgabe erläutert, die auch als Grundlage für Referate oder zur Selbsterschließung unterrichtlich genutzt werden kann. Im Anschluss werden Aufgaben zur Verfahrenseinübungen angeboten.

40 Seiten	12 012	ab 12,49 €

Klasse: 9, 10, 11-13

Terme & Gleichungen

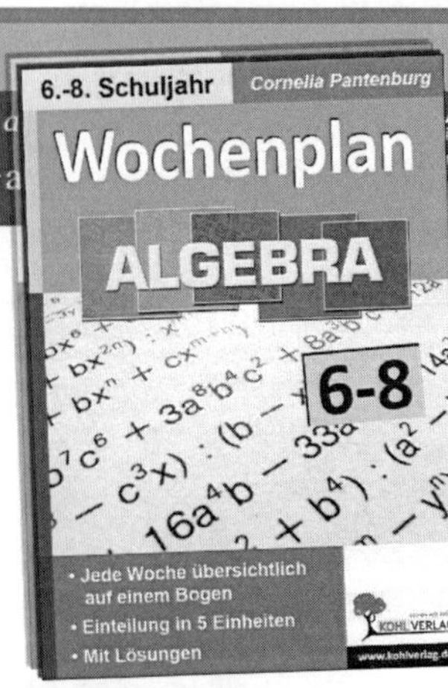

Cornelia Pantenburg

Wochenplan Algebra

Jede Woche übersichtlich auf einem Bogen

*Wochenpläne geben durch ihren übersichtlichen Aufbau Klarheit und Struktur. Durch diese Arbeitsweise werden bei den Schüler*innen grundlegende Kompetenzen wie Selbstorganisation und Eigenverantwortung gefördert. Die korrekte Umformung algebraischer Terme und Gleichungen lässt sich so systematisch üben und „einschleifen", damit die immer wieder auftauchenden „dummen" Fehler endlich verschwinden!*

Klasse 6-8	12 500	je 80 Seiten
Klasse 9-10	12 501	ab 16,49 €

Klasse: 6, 7, 8, 9, 10

Hans-J. Schmidt

Gleichungen lösen *Step by Step*

Oft entstehen Probleme, wenn Gleichungen mit Formvariablen gelöst werden sollen oder Formeln umgestellt werden müssen. Diese Aufgabenkarten bieten durch ein raffiniertes Verfahren die Möglichkeit, dass Schüler sich dieses Thema in eigenverantwortlicher Arbeit aneignen. Die Aufgabenkarten sind so gestaltet, dass die Gleichungen Schritt für Schritt umgeformt und der Lösung zugeführt werden.

64 Seiten	12 007	ab 14,99 €

Klasse: 7, 8, 9, 10

Friedhelm Heitmann

Lineare Gleichungen ... mit 1-3 Unbekannten

In kleinschrittiger Vorgehensweise werden lineare Gleichungen mit einer Variablen, sowie lineare Gleichungssysteme mit zwei bzw. drei Variablen behandelt. Zielsetzungen des Bandes sind die Vermittlung, Festigung sowie Überprüfung grundlegender Kenntnisse und Erkenntnisse zur genannten Thematik. Dabei thematisiert der Band auch diverse Textaufgaben.

128 Seiten	12 239	ab 19,99 €

Klasse: 8, 9, 10, 11-13

Hans-J. Schmidt

Einführung in das Koordinatensystem

Das Quadratgitter wird erweitert zum Koordinatensystem mit seinen 4 Quadraten. Auch hierzu gibt es 6 Blätter mit Übungen. Daran schließen sich 3 Tests an, die zeigen, wie weit das Stoffgebiet beherrscht wird. Die Arbeitsblätter sind so aufgebaut, dass man sich das Thema eigenverantwortlich aneignen kann. Als besonderer Bonus enthält dieser Band das „Märchen von den verwunschenen Brüdern", das mit passenden Aufgaben ausgestattet ist, die das Verständnis und besondere Lernlust bringen.

48 Seiten	11 128	ab 13,49 €

Klasse: 5, 6, 7

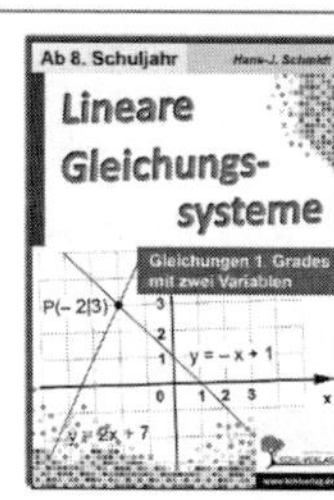

Hans-J. Schmidt

Lineare Gleichungssysteme

Gleichungen 1. Grades mit zwei Variablen

An mehreren Stationen lernen die Schüler, wie man Gleichungen 1. Grades mit zwei Variablen löst. Jede Station besteht aus Aufgabenkarten im Format 9x13 cm, die ausgeschnitten und in der Mitte gefalzt werden – und damit eine Lernkartei bilden, die immer wieder verwendet werden kann.

128 Seiten	11 897	ab 19,99 €

Klasse: 8, 9, 10

Friedhelm Heitmann

Quadratische Funktionen & Gleichungen

... kinderleicht erlernen

Quadratische Funktionen sind eine wichtige Voraussetzung für eine erfolgreiche Kurvendiskussion. Diese Grundkenntnisse werden betont kleinschrittig vermittelt und eingeübt und steigern sich kontinuierlich im Schwierigkeitsgrad. Neben den Parabeln wird auch die Bearbeitung und Lösung quadratischer Gleichungen vermittelt.

160 Seiten	12 105	ab 24,99 €

Klasse: 7, 8, 9, 10, 11-13

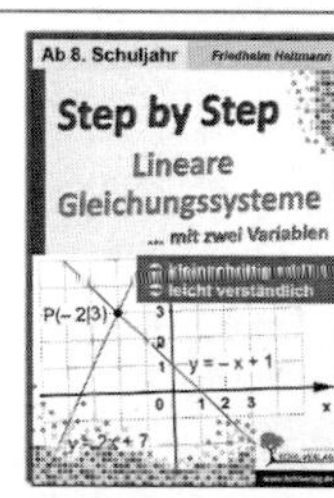

Friedhelm Heitmann

Step by Step - Lineare Gleichungssysteme

... mit zwei Variablen

Neben dem zeichnerischen Lösungsverfahren werden auch das Gleichsetzungs-, Einsetzungs- & Additionsverfahren step by step erläutert und geübt. Darüber hinaus stehen auch Aufgaben zur Grundlagenwiederholung der Algebra zur Verfügung. Mit Textaufgaben zur Vertiefung!

44 Seiten	12 812	ab 13,49 €

Klasse: 8, 9, 10, 11-13